El deleite de vivir

Natalyia Muñoz

El deleite de vivir

EDICIONES OBELISCO

Si este libro le ha interesado y desea que le mantengamos informado
de nuestras publicaciones, escríbanos indicándonos qué temas son de su interés
(Astrología, Autoayuda, Ciencias Ocultas, Artes Marciales, Naturismo,
Espiritualidad, Tradición…) y gustosamente le complaceremos.

Puede consultar nuestro catálogo en www.edicionesobelisco.com

Colección Narrativa
EL DELEITE DE VIVIR
Natalyia Muñoz

1.ª edición: junio de 2020

Corrección: *M.ª Jesús Rodríguez*
Diseño de cubierta: *Angélica Valdez*

© 2020, Natalyia Muñoz
(Reservados todos los derechos)
© 2020, Ediciones Obelisco, S.L.
(Reservados los derechos para la presente edición)

Edita: Ediciones Obelisco, S.L.
Collita, 23-25. Pol. Ind. Molí de la Bastida
08191 Rubí - Barcelona - España
Tel. 93 309 85 25
E-mail: info@edicionesobelisco.com

ISBN: 978-84-9111-595-3
Depósito Legal: B-8.844-2020

Impreso en España en los talleres gráficos de Romanyà/Valls S.A.
Verdaguer, 1 - 08786 Capellades (Barcelona)

Printed in Spain

*A todos aquellos seres encargados de mostrarme con acierto
la gran bondad que existe en la naturaleza humana,
haciendo posible que me maraville de la vida
y, a todos esos actos de bondad que han cambiado,
cambian y cambiarán el mundo.*

Capítulo i

ELEGIR

Cuando un ser desea liberación, las herramientas para lograrlo van apareciendo con lazo de regalo. Claro que varias veces cuesta identificar que lo son. Dicen que quien busca encuentra. Quien elige caminar hacia una versión más elevada de sí mismo, despierta. Quien desea la libertad y encontrar su verdadera Esencia, se ilumina. Tras vivir momentos sobrecogedores, de consternación y hasta de desesperación que me llevaron a extremos emocionales, físicos y de un cierto trajinar obligada por las circunstancias, yo quería liberarme de mí misma para encontrar el verdadero sentido de la vida. Tuve que salir adelante desde muy joven bajo circunstancias adversas. Confronté un miedo aterrador, el hecho de sentirme impotente, de caer presa de la duda, de desconfiar del optimismo y de la fuerza que me había acompañado desde pequeña, a pesar de haber vivido también momentos mágicos y de haber recibido una gran ayuda de la vida. Por un tiempo me perdí a mí misma, a veces parecía imposible reencontrarme. Enfrenté grandes retos que jamás concebí y casi fortuitamente inicié un proceso que me llevaría más lejos de lo que esperaba, abriéndome a un descubrimiento que enriqueció mi ser. Con esa apertura, la vida estaba dispuesta a mostrarme cuánto en realidad había podido avanzar, a proporcionarme un más profundo entendimiento de los motivos causantes de ciertos acontecimientos; también a enseñarme de qué, en verdad, trata la existencia, cuáles son las verdaderas victorias, cuáles innecesariamente llevan el nombre de derrotas, también a mostrarme con grácil actitud qué es en realidad el amor.

Había aprendido a jugar con las cosas pequeñas de la cotidianidad. Un camino de experiencias serias, de trabajo serio, de responsabilidades tempranas había provocado que olvidara a mi niño interior que es, en realidad, el aspecto del alma que confía en la vida y tiene la capacidad de disfrutar. Mi espíritu no estaba contento con ello. Luego ubicó ciertas experiencias para que confrontara mis esquemas mentales, los patrones que motivaban mis acciones, los mensajes emitidos por la sociedad, de conceptos familiares, de la tradición y la costumbre, del diálogo interno propio o influenciado o bien del imaginario colectivo, a través de los cuales juzgaba los hechos aparentes, que algunas veces empañaban el cristal del entendimiento que permite vislumbrar la hermosura de la vida.

Después de estas experiencias, concluí que en el gran juego de toma de conciencia que es la vida se podía elegir vivir jugando siendo partícipe del juego, y no ser conducidos por él, sintiendo la impotencia de dejarse llevar, o confusión ante la existencia de diversos aconteceres, comprendiendo, al mismo tiempo, que el mayor poder del que se dispone es el de elegir y el de elegir la reacción, pero hasta el hecho de saber que podemos elegir es una toma de conciencia profunda. Casi todo es una elección, aun cuando algunas veces pareciera que no, que más bien las circunstancias nos arrastran. La felicidad puede ser una elección, vivir perennemente preocupado o estresado también puede serlo, permanecer atado a cadenas mentales o liberarse de ellas, mostrarse alegre o gruñón, seguir con relaciones que nos lastiman o dejarlas por nuestro bien. Aceptar o discriminar, amar u odiar son, en definitiva, elecciones. Lamentablemente algunas veces éstas no vienen de nuestro Ser, sino de creencias aprendidas y aceptadas como verdaderas, de patrones de conducta, de las «heridas del alma», de programaciones. Sin embargo, cuando se hace una elección para sanar nuestro interior, para así elegir y vivir verdaderamente desde el Ser y desde su gran potencial de sensatez y alegría, los medios y las herramientas para ayudarnos en tal misión, como ya he mencionado, llegan con un lazo de regalo, disfrazado de piel de ser humano, de libro, de situación o circunstancia, de coincidencia universal, de Conexión Superior.

Al nacer, heredé el nombre de mi abuela: Eliza. Más tarde se verían ciertas similitudes genéticas con ella, como la de mis ojos, que tienen el mismo desorden de color, son pardos en algunos momentos del día y verdes en otros. Mi tez es blanca. Durante unos años traté de broncearla, hoy la acepto tal cual. Mi cabello es negro, largo y liso. Alta, delgada, y comparto con las mujeres latinas cierta voluptuosidad de las formas femeninas, al menos de la cintura hacia abajo. También el gusto por bailar. Soy fruto de la unión de dos razas, como llamamos a las diferencias físicas y culturales entre los humanos: la indígena y la española. Soy aprendiz de maga, de la magia que existe en la vida y en el Universo. Trabajo como empresaria y directora de empresa, pero en realidad ejerzo como estudiante permanente de la vida, como todos en este lugar. Soy aprendiz del amor, exploradora de los misterios de la existencia; aprendiz de cómica, de la comicidad de mi propia historia.

Conforme a mi trayectoria de aprendiz de maga, estuve y estoy convencida de que hay, dentro de la mágica experiencia de la vida, un paraíso y un castillo prometido, siendo éste para mí la paz y la armonía interna, la abundancia de momentos hermosos que, si no se anda por ahí tan despistado, se encuentran todos los días a pesar del aparente caos, que la vivencia en esta tierra hace ilusoriamente mirar. Para llegar allí, había que vencer dragones, cabalgar en grandes llanuras, cruzar puentes y ganar batallas espada en mano, pensé durante una etapa del trayecto. En fin, parte del recorrido lo había hecho como muchos, inconscientemente, aceptando la mala idea de que la vida es «de naturaleza dura», rechazando la gran responsabilidad que nos atañe, la de ser lo más felices que podamos, incluso a pesar de las «circunstancias», hasta que un día llegó el momento en que me cansé de sufrir. En buena hora llegó el cansancio, imagínate si no me llego a cansar…, como muchos me hubiera acostumbrado a que la preocupación o el sufrimiento fueran parte de la experiencia y no habría encontrado otra forma de percibir la vida. Al estar la naturaleza humana condicionada a aceptar el drama o a crearlo como parte del caminar por este planeta, provocamos innecesariamente demasiadas veces preocupación, queja o sufrimiento.

Elegí tomarme en serio ese cansancio, porque eso de aprender a la antigua usanza de «la letra con sangre entra» no me estaba gustando. Tomé la responsabilidad conmigo misma de cambiar el paradigma, de cambiar el patrón.

Ya con otros paradigmas sobre muchos aspectos de la conciencia humana, me volví a encontrar con algo que yo había rehuido durante muchos años: el amor, lo cual me desconcertó. Conocí a Pierre en Francia, durante un tiempo sabático que decidí regalarme, luego de obligadamente parar, de forma poco grata, el incansable tobogán ejecutivo y de replantearme qué era en realidad la vida. Nuestras historias se cruzaron cuando habíamos aceptado sin censura y sin conflicto nuestra bella condición humana, que dicen es «de la que gozamos y de la que padecemos», porque algunas veces nos sorprendemos a nosotros mismos con tanta sapiencia y otras no entendemos quién es ese ser que se comportó de esa manera. Hasta el momento en que lo conocí ninguno de los dos sabía cuánta liberación de nosotros mismos habíamos tenido que conseguir antes de encontrarnos, faltaba saber si estábamos dispuestos a brindarnos al amor de esa manera distinta.

Dejada atrás la culpa, uno de los sentimientos provenientes de nuestra humanidad y del acondicionamiento, nefasto para la expresión de nuestra Divinidad, me permití disfrutar de un tiempo sabático, organizándome para manejar mi compañía de forma virtual y a través de una empresa de auditores externos. Dispuesto tiempo y horario, iniciaría la aventura de llevar a cabo uno de mis sueños, la persecución de las palabras que me llevarían a darle vida a las páginas de un libro, a través de los sentimientos y las experiencias alojados en rincones del alma, producto del andar por esta tierra y en su trajinar, en busca de una mayor conciencia, experiencias decisivas que me habían servido de apoyo o habían constituido verdaderos desafíos que superar.

Tomé aquella mañana en la estación de Montparnasse, al sur de París, el tren rápido y llegué a la pequeña estación de Saint Pierre des Corps, muy cerca de la cuidad de Tours, ubicada en el corazón de Francia, en el extenso valle del Loira. Complaciente y con majestuosidad, alberga cuarenta y dos castillos, varios constituyen un testimonio silencioso de la Edad Media y otros del Renacimiento y de la Ilustración. El valle del Loira contó con la compañía de Leonardo da Vinci, durante sus últimos años, de sus modelos y dibujos de inventos, adelantados por siglos a su creación real. Cuatro o cinco de estos castillos eran la atracción principal de los turistas. Su belleza –decían los franceses– era inigualable. El castillo de Ussé habría inspirado al autor del cuento de nuestra niñez: *La bella durmiente*; el de Amboise constituyó una de las numerosas residencias de Francisco I y la de Carlos VIII –hoy alberga los restos de Da Vinci–; el de Blois había sido testigo de la bendición del arzobispo de Reims a Juana de Arco, antes del asedio a Orleans.

Aunque éramos muchos los que arribábamos a Tours, la estación de tren se descongestionó rápidamente, quedando silenciosa. Un sol tímido acariciaba mi rostro. Divisé a unos pasos un letrero con mi nombre en manos de un hombre de mediana estatura, amable sonrisa y cabello oscuro, sería el locuaz conductor de un coche azul que envió el *château* donde me hospedaría. Según dijo, era francés, de origen argelino. «Demasiada conversación», pensé. Era casi innecesario pronunciar palabra, ya estaban expresadas en el lenguaje de la belleza. Desde la carretera no se podían observar los famosos castillos. El verdor de la campiña francesa se abría ante mis ojos, seduciendo a mi alma, provocándole más de una sonrisa. Me esperaba un fin de semana para escribir, entre recuerdos medievales, en lugares de cuentos de hadas, en compañía de obras maestras de la arquitectura francesa de antaño.

Después de veinte minutos y de una larga charla, llegamos al Château de Sept Tours o Castillo de Siete Torres. Una antigua edificación que había sido, como todo *château*, la residencia de un miembro de la realeza o de la nobleza. Rodeada de viñedos, un magnífico ejemplo de la arquitectura neogótica, sus siete torres destilaban historia. Allí olía a paz, a misterio, al misterio de la creación perfecta de cada árbol, de cada hoja que inicia con finura su ocaso porque sabe que es tiempo de dejarse ir… está iniciando el otoño.

Hojas de un color rojo intenso, antes de rendirse a la nueva estación, me recibieron. Desconocía el nombre de algunas plantas, mas reconocía el sutil encanto que le daban a la fisonomía de las paredes de la entrada principal. Una antigua puerta se abrió ante mí. Hacía frío. A un lado, una gran chimenea calentaba la estancia. El lugar era de lo más acogedor. A la izquierda, un par de sillones de estilo clásico se acomodaban a ambos lados de una mesa hermosamente tallada, ubicada en frente de una gran ventana. Unas largas cortinas de rayas rojas y doradas se abrían mediante gruesos cordones con borlas permitiendo a los tenues rayos de sol hacer el intento con dudosa victoria de cobijar el lugar. Hacia el margen izquierdo de la chimenea, se hallaba la recepción y tras ella el gran salón en donde la inventiva y la sofisticación gastronómica francesa se desplegaban, en armonía con un maravilloso piano de cola negro y con una decoración más ecléctica. Un salón de mediano tamaño, con sillas y sillones estampados de estilo clásico, a la derecha de la chimenea invitaba a entusiasmarse, a leer historias antiguas, arropadas con la suave música clásica que sutil ponía a tono el ambiente. Me registré. Subí por las amplias escaleras de piedra, algo desgastadas por el juego de los años transcurridos. Me instalé en una habitación de una de las torres. Era hermosa. La decoraban muebles de estilo antiguos y muy delicados. Sobre la cama, un buen número de almohadas en un impecable blanco daban una agradable sensación de comodidad, dos pequeños almohadones carmesí irrumpían su blancura sin robarles esa sensación. Un pequeño ramillete de flores frescas de vivos colores estaba sobre la chimenea. Por las ventanas se filtraba el paisaje del exterior. Di una vuelta para mirar lo hermoso del lugar, cogí mi ordenador y me dirigí hacia el restaurante.

En medio del gran jardín, bordeando la puerta principal, a cierta distancia, estaba el restaurante para el servicio del desayuno. Parte de él se desplegaba al aire libre y otra en el interior de un pequeño edificio antiguo que exhibía con delicada cortesía la historia del castillo narrada por la pluma en técnica de óleo de varios pintores, con la inspiración de una paleta de vivos colores. Me fundí con el lugar sentándome en una de las mesas con vista al jardín, en compañía de un buen té con miel servido por un gentil y delgado camarero. «Bueno para el frío», me dijo en un español con fuerte acento francés y una discreta sonrisa que comentan no es muy usual en los camareros de ese país, aunque no ha sido ésa mi experiencia. Será porque, al tener la intención de conectarme con la bondad de cada ser, no acostumbro a atraer el desdén de las personas o quizá porque, al enfrentarme a mis propias «sombras» y encontrar ciertas verdades internas, ya no se refleja en mí la sombra de otros.

Poca gente ocupaba la estancia. Se escuchaba un concierto de voces celestiales, de pequeños seres emplumados, entre ellas, una muy grave, la de un búho. Todos amenizaban mi desayuno, contribuyendo a acelerar mi inspiración. El camarero me sirvió panecillos dulces e interrumpió el concierto y la danza de las ideas que iban quedando anotadas en un archivo del ordenador, su gentil sonrisa me arrancó una. Mi complicidad con el jardín, con la inspiración y con los panecillos franceses tuvo, inesperadamente, una distracción: la mirada de un hombre que entró en el restaurante con paso sereno, con un aire que reflejaba seguridad, aplomo; su única compañía eran unos palos de golf al hombro sobre su impecable atuendo blanco. Se dirigía a una mesa cercana llamado por un trío de hombres que, aparentemente, eran sus acompañantes de juego. En su trayecto, fue interrumpido por uno de los camareros que le saludó con familiaridad.

Sus intensos ojos se precipitaron en los míos manteniendo su mirada fija en ellos hasta que se sentó. Cuando llegó a mi mesa su primera sonrisa, ya no fui inmune. El interés de sus ojos continuó sin mostrar malicia o agresividad. Conservé la mirada con la de él. Él volvió a sonreír. Menos inmune fui. Respondí también con una sonrisa y creo que hasta con un movimiento de pestañas, lo que al perder la discreción me hizo sutilmente reír. Él respondió a mi risa mostrándome de nuevo el gesto que echó abajo mi inmunidad. Sus acompañantes le distrajeron por un momento. Rieron. Todos me miraron. No me intimidé. Para guardar cierto decoro, miré varias veces el ordenador, simulé escribir. Sus ojos volvieron a reclamar los míos, no se los negué.

Debido a que mi trabajo de ejecutiva —en una temprana juventud y en un tiempo en que las posiciones para directoras no eran comunes— incluía abundante presencia masculina, a pesar de atraer las miradas con frecuencia, me resultaba un poco difícil coquetear. Había aprendido a mostrar una excelente mezcla de cordialidad y cierta distancia, lo que —como decía mi amiga Rosy, otra mujer experimentada en el mundo profesional de hombres de tiempo atrás—, me deparaba cierta tranquilidad. Mis tempranas experiencias con la seriedad y la responsabilidad no me habían permitido aprender muy bien esas habilidades de la seducción que, por supuesto, sí utilizaba cuando estaba enamorada y dentro de una relación. Ante tanto coqueteo mutuo, yo esperaba que se acercara. Le esperé durante el segundo té, y durante el tercero. Decidida a tomar a la fuerza el cuarto, aunque ya no me apetecía, y a continuar simular escribiendo, los hombres se levantaron y desaparecieron en el pequeño carro de golf. Al marcharse, su última intensa mirada cayó sobre mi mesa. Decidí volver al danzar de mis ideas continuando con mi tarea. En ello me mantuve durante todo el día.

En el fin de semana, que era fiesta en Francia, el *château* fue llenándose. Turistas nacionales y extranjeros se habían citado allí, por lo que la cena sería en el salón principal. Bajé las escaleras luciendo unas perlas blancas en las orejas, el cabello suelto y un ceñido vestido negro, un poco osado para la estación. Hasta que llegué al gran salón, Vivaldi acompañó a los tacones altos de mis sandalias negras y a mi estilo de caminar elegante como consecuencia de que a los quince años mi padre me insistió y convenció para que participara en un desfile de modas, al cual él me había inscrito sin reparar si me agradaría o no.

El anfitrión me recibió. El lugar estaba lleno. Me dirigí a la pequeña mesa que prepararon para mí. Me incliné para acomodarme en la silla; luego de unos segundos levanté la mirada. Mis ojos se fijaron en la figura del galán del golf. Estaba justo frente a mi mesa, acompañado de una mujer a quien tomaba con su mano el antebrazo y con quien conversaba con complicidad o, al menos, eso me parecía a mí. «Y pensar que estuvo coqueteando conmigo tan abiertamente», pensé. Aunque mis ojos quisieron ceder a la tentación de mirarlo, los detuvo la sensatez. Más tarde llegaron sus acompañantes de juego con quienes le había visto por la mañana, cenaron y se retiraron casi de inmediato al terminar.

El lugar bellamente decorado se acompañaba con la voz delicada del piano que servía de aperitivo a unos atractivos platos gourmet. Mi soledad del momento me procuró el esmero de los camareros por hacerme probar las delicias y delicadezas de los maridajes perfectos; aunque el vino tinto era siempre mi preferido. Éste tenía la particularidad de proporcionarme, por vía rápida a través de los circuitos de mis neuronas, una buena medida de relajación. Me gusta la sensación de felicidad de las primeras chispeantes emociones, producto de la entrada en esa especie de feria de la alegría, que produce el sabor de la primera o segunda copa de vino. Normalmente no tomo más de dos, mis circuitos neuronales son muy poco resistentes al alcohol. A pesar de tanta maravilla, estaba siendo incapaz de respetar las cláusulas del acuerdo del disfrute: me estaba perdiendo vivir cada momento. Fui comprensible conmigo misma. Luego de la segunda copa, entendí que podía perdonar con gentileza el hecho de que mi naturaleza humana me hiciera sentir algunas veces decepcionada de que las cosas no salieran –al menos de momento– como yo lo esperaba.

Lo importante era el entendimiento de que las emociones son eso: emociones, bailarinas; a veces, sumamente leales y maravillosas y, en algunas ocasiones, traicioneras. Las traicioneras provocaban con alguna frecuencia que mi elección de tener percepciones sabias de la vida se fuera al traste; sin embargo, la perseverancia me susurraba al oído que constituye todo un proceso lograr contar con el privilegio de las emociones y a la vez gozar de equilibrio y estabilidad, consiguiendo sin necesidad de ejercer un control desgastante, porque eso causa frustración, que formen parte de una conciencia despierta, sin que lleven al humano tironeándolo en varias direcciones. A partir de ahí no sé exactamente si tras tan sublime deducción o si lo sublime del vino, se me subió a la cabeza, empecé a disfrutar del momento, ignorando que el hombre que había coqueteado conmigo por la mañana estaba con otra mujer igual de atractiva que él y sentado de espaldas a mi mesa.

Beethoven con la sutileza de las notas de «Claro de luna» inundaba el salón. El piano se hallaba en el lado opuesto a la mesa del galán de nombre Pierre, como supe que se llamaba posteriormente. La fragancia y el sabor de una copa de Cointreau siguieron al postre, yo lo disfrutaba mientras admiraba el éxtasis con el que el pianista conseguía interpretar la composición. Supongo que con tal escena me distraje un poco, porque cuando miré hacia el otro lado vi que el galán se dirigía a mi mesa. Resulta redundante la aclaración de que yo no tenía ya pretensiones de ningún movimiento de pestañas. «Qué habrá pasado con su pareja», pensé. Él me preguntó en francés si podía sentarse y yo ni siquiera contesté, debido a un leve desconcierto que se apoderó de mí ante su presencia. Por unos instantes, mi limitado vocabulario francés huyó y no expresé ni tan siquiera «*oui*». En mi intento de atrapar algunas palabras para contestar, volvió a preguntar en español y en inglés casi al mismo tiempo, yo respondí, accediendo a su petición en mi idioma natal cuando estaba ya a medio camino de sentarse. Luego pude comprobar que hablaba un español fluido con un acento bastante neutral.

—¿Qué pasó con tu novia? –le pregunté.

Él sonrió.

—Es mi hermana –dijo–. La invité a cenar porque su esposo se siente algo enfermo y se quedó en la habitación.

No comenté nada más. Él continuó explicándome que su hermana acababa de tener un problema con el embarazo, lo que había provocado la pérdida del bebé. Recordé su mano en el antebrazo de la mujer y entendí, no hay nada más reconfortante que la presencia de alguien que nos ama, diciéndonos con palabras, abrazos, sonrisas o un toque en el brazo, «Todo está bien», o dependiendo de las circunstancias, «No pasa nada», pudiendo ser ese alguien otro o uno mismo.

Él acompañaba la conversación con vino y yo con agua, pues si continuaba bebiendo no sólo iba a relajarme, sino también podría perder las perspectivas, y desposeída de ellas, hasta mi *panty* en manos de Pierre, y ésa no era mi costumbre. Con discreta serenidad lo miré, sus espaldas anchas entallaban muy bien en su atuendo. Sus manos fuertes, sin ser toscas, su cabello oscuro, sedoso y bien cortado. Con el estilo de los hombres parisinos, usaba pantalones negros, chaqueta gris de cortes perfectos y una camisa blanca sin corbata, su actitud completaba su talante elegante de conducirse, seguro de su atractivo pero sin intento alguno de presumir de él, como si no advirtiese su encanto. La formalidad en el vestir no le restaba un aire juvenil.

Cuando le expliqué que había nacido en Ecuador me miró con ojos vivaces y me preguntó qué hacía en París, «tan lejos de mi tierra». Con una sonrisa, aclaré que mi tierra es el planeta, pues, como tú también sabes, todos somos vecinos en este lugar, a pesar de que nos cueste comprenderlo y creamos que el hecho de dañar un sector «ajeno a nuestro hogar» no nos va a afectar. Antes de comentarle que estaba intentando ser escritora, entre museo y museo, entre el Sena y la Torre Eiffel, en el tiempo que me sobraba cada día, luego de disfrutar del romance que mantenía con París, le hablé sobre esa bella parcela en el continente sudamericano que es mi país, situado justo en la mitad del mundo, en donde numerosos volcanes, con solemne actitud, observan a aquellos que comparten el buen clima y los hermosos paisajes; donde se disfruta de poseer ricos recursos naturales, incluyendo el polémico petróleo y deliciosas frutas, donde se saborea el agradable gusto de los camarones, se aprecia y se exporta el aroma de las maravillosas rosas y, como buenos latinos, se dispensa muchos abrazos.

Quizá la oxitocina, la hormona responsable de los sentimientos de amor y de atracción, empezaba a hacer su efecto, me hacía sentir algo nerviosa, fuera de control. Más adelante, él confesaría que se sintió también así, y me reveló que lo que le puso fuera de control fue mi «penetrante mirada». No supe si aquello tendría que ver con mi recién hallado «movimiento de pestañas» o con el hecho de que cada vez, un poco más, mis ojos iban observando con más de claridad, al verdadero ser que se encuentra detrás de un humano, y ello, definitivamente, cambia la intención de la mirada.

—¿Sobre qué escribes? –me preguntó.

—Sobre ciertos aprendizajes personales.

—¿Cuáles han sido tus aprendizajes?

—Quizá nos lleve toda la noche hablar de ellos –le contesté. No supe en ese momento si por su mente no cruzaba exactamente la expresión «hablar toda la noche», porque se apresuró a añadir:

—Descríbemelo en pocas frases.

—Tal vez uno de los mayores aprendizajes ha sido confrontar mis esquemas mentales para poder autotransformarme. Por ello, el libro habla de la metáfora de pasar de ser guerreros luchadores de la vida a convertirse en viajeros con mayor conciencia, haciendo compatibles la eficiencia y el triunfo con una mayor paz interna individual y colectiva, una felicidad disfrutable de forma más duradera, una nueva forma de vivir.

—¿De guerreros a viajeros conscientes? –exclamó, interrumpiéndome abiertamente y disculpándose enseguida por ello, como buen francés–. Eso suena muy filosófico, ¿a qué te refieres? ¿Por qué es mejor ser un viajero y no un guerrero? Se supone que el sentido de la lucha en la vida ayuda –dijo.

Acepté sus disculpas y, cuando iba a explicarle, mis ojos se posaron en la pequeña libreta en la esquina de la mesa que se había convertido, días atrás, en parte de mi atuendo debido a que la inspiración gustaba de ser sorpresiva. Abrí una de las hojas en donde había anotado las ideas para esbozar el concepto y decidí dársela para que la leyera. De alguna forma, me interesaba su reacción a esta distinta visión de la vida, considerando que a nosotros, los humanos, nos produce duda y miedo contradecir los mensajes que hemos recibido sobre la «lucha por la vida», que en su gran mayoría nos han llevado a participar del consenso colectivo que indica que no hay aprendizaje sin dolor, que no hay victoria sin lucha, que nada vale la pena si es fácil, que todo tiene un precio de dolor. En ese momento de mi vida, entendía que llega un punto en el que un mayor nivel de conciencia nos guía en el camino, cambiando la naturaleza del esfuerzo, llevándole a convertirse en una poderosa inspiración, constituida de liviandad. Por tanto, aunque hay una importante participación de nuestra voluntad y retos que enfrentar o sortear, ello no implica que debamos soportar pesos que desgastan. Desde ese nuevo nivel de conciencia, la concepción de dolor-aprendizaje cambia por una nueva comprensión, lo cual se traduce en aplomo y serenidad, por tanto, una percepción distinta sobre el esfuerzo torna la vida distinta.

Ya con la libreta en la mano y supongo que con cierta curiosidad, en voz grave y serena, Pierre expresó mis ideas escritas en el papel, haciendo algunas pausas entre las frases en las que sus ojos se dirigían a mí, tal vez tratando de descifrarme.

—«Un guerrero enfrenta la vida espada en mano, librando cada batalla con dolor. Se convence de que la existencia es una sucesión de batallas por vencer, así se prepara para las contiendas, se defiende, ataca, no hay paz en su interior. Un guerrero luce, orgulloso, las cicatrices de los combates ganados, es decir, reconoce el camino del dolor o de la lucha como el único que le permitirá ganar la batalla o el aprendizaje, se regocija de ello, pero en ese camino se olvida algunas veces de disfrutar, de amar. Aunque también recibe ayuda Divina y dispone, por supuesto, de valor y voluntad, su vida supone combate, conflicto, y su predisposición a la empatía y al entendimiento es mucho menor. Un viajero consciente entiende que el viaje le deparará un gran aprendizaje, que cada reto incluye un nuevo conocimiento del camino. Un viajero deja descansar su espada y armadura. No hay batalla que enfrentar, no hay competencias, rivalidades, egos que defender, enemigos que vencer; sólo hay compañeros de viaje, algunos más agradables que otros, claro está, sólo hay sueños que alcanzar. Un viajero enfrenta los desafíos con reflexión, concibe la vida como una sucesión de aprendizajes mientras se permite disfrutar también del paisaje y del viaje, recorre la vida por diversión, entendida como un estado superior de la conciencia, la celebra, se asombra de ella, aprende de cada lugar donde se encuentra sin importar las circuns tancias. Va por la vida confiado y sereno, dispone de calma mental, pero no es un ingenuo, porque es consciente de que el primer ser a quien debe cuidar en ese viaje es a sí mismo. Un viajero intuye que encontrará en el camino algunos guerreros ante quienes deberá resistir la tentación de batallar, comprenderá que para ellos la vida es una contienda. También sabe que quizá en algún momento se vea obligado a empuñar la espada para encarar una batalla, está aprendiendo la manera cómoda de viajar, es decir, que para enfrentar sus desafíos tal vez pierda un poco de su paz, mas esas ocasiones serán la excepción, porque él sabe, con toda certeza, que luego volverá a ser lo que es: un viajero dueño de su serenidad, un mensajero de la paz. Valora su serenidad porque en la profundidad de ella logra comunicarse con la orientación Divina, con un poder superior que posee, con su Maestro Interior. Él está empoderado de su propio liderazgo interno, manifiesta una férrea voluntad porque lleva dentro de sí a un poderoso guerrero que aprendió que su fuerza no depende ya de blandir su espada, sino de su solidez interior para responder sin agresividad, con mayor equilibrio y firmeza a los desafíos que están puliendo su interior».

Acabó de leer, levantó la mirada y una expresión en su rostro dio su aprobación.

—Has logrado captar mi interés –dijo.

Sonreí.

—Es todo un proceso entender la vida de otra manera –acotó tras un breve silencio.

–Así es, pero vale la pena –contesté.

—¿Cómo se convierte un guerrero en viajero? –me preguntó.

—De alguna manera se convierte en viajero en el momento que toma la decisión de serlo –contesté–, porque para que esa decisión se dé, ya se ha producido un cambio de perspectivas. El guerrero se ha cansado de las armaduras, espadas y batallas.

—«¿Recibe inspiración Divina, se comunica con su Maestro Interior?», ¿qué significa?

—¿Estás seguro de que quieres hablar de ello ahora? –le pregunté, dudando.

—¡Sí, claro!

—Está bien –contesté–. Todos tenemos una Esencia Divina, un Maestro Interior, una Sabiduría Interior, es nuestra condición nata. Pero ciertos rasgos de personalidad, creencias, o visiones que tenemos sobre nosotros mismos impiden que accedamos o que lo hagamos con fluidez y confianza, hasta que llega el momento de lograr hacerlo, producto de una mayor conciencia y conocimiento.

—Conozco algo sobre el tema, tomé unas clases de meditación.

—Oh… Y me haces explicarte todo esto.

—Sí, quería saber cuál era tu idea del asunto. Me gusta tu concepto del viajero. ¿Puedo leer lo que sigue? –preguntó mirando mi libreta.

Acepté.

—«Un viajero ya sabe que quiere vivir su vida de una forma más armónica y enfrentar sus retos de manera diferente; así va teniendo un gran encuentro con su paz y con la capacidad de disfrutar con conciencia. Las circunstancias pierden el poder de quitarle su tranquilidad. Su percepción de los hechos cambia. Se permite una nueva visión de la aparente realidad, y no se distrae en algo que daña su ser. El proceso en sí le va transformado, llenando.

»Son sólo anotaciones, ideas no pulidas –acoté tratando de pasar a otro tema sin viso de éxito en el intento.

»A mí me parece interesante –dijo–. Entonces me he vuelto viajero porque, yo definitivamente, he sido guerrero –expresó, luego de un corto silencio–. ¿Perteneces a alguna religión? –preguntó.

—No profeso la fe a través de una Iglesia en especial, pero puedo respetar una visión distinta de la vida o de Dios, sin el menor problema –dije.

—Tenemos el mismo concepto –añadió Pierre–. ¿Puedo leer un poco más?

Acepté sintiéndome ya un poco intimidada, a pesar de que él se lo tomaba con absoluta jovialidad.

Pierre empezó a leer otra página de más adelante:

—«Si llamar al Ser Supremo Dios o Creador te hace sentir incómodo o incómoda, por favor, reemplázalo con el nombre con el que lo hayan bautizado en tu infancia o lo hayas rebautizado en tu adultez, honro el camino que hayas escogido hacia Él: Padre, Yahvé, Jesús, Alá, Todopoderoso, Señor, Gran Espíritu, Energía Divina, Conciencia Suprema, Energía Creadora, Universo, Cosmos…, pues los nombres del Creador han causado más de un disgusto y más de una guerra, olvidándonos de que ese Ser Supremo es un Todo, de que su primer nombre es Amor y los segundos son el tuyo, el mío…

Levantó la mirada, y dijo:

—¿Puedo? –mientras pasaba otra página.

Yo acepté sintiéndome un poco más incómoda. No me había esperado que la conversación tomara ese rumbo, yo estaba en la feria de la alegría de las dos copas de vino y una de Cointreau.

—«La percepción del mundo obedece al tamaño de las ventanas por donde nos asomamos a mirarlo, como ya dijo un autor, las pequeñas harán que veamos un mundo muy pequeño, de una sola vía, con una visión única, valedera o real; las ventanas pequeñas nos hacen cuestionadores, excluyentes y discriminadores. Conforme vamos caminando, con agrado o careciendo de él, algunas veces, con sutileza o careciendo de ella, la vida presiona para que éstas logren ampliarse. Las ventanas grandes nos permiten desarrollar la compasión, que en realidad es comprender con amor. Esta concepción más amplia nos permite nuevos aprendizajes, nuevos conocimientos, nuevas escuelas o filosofías sin quedar atrapados en ellos. No nos vuelve eruditos aferrados a ese conocimiento y no nos hace creer con soberbia que sabemos más que los demás. Una ventana grande nos protege del fanatismo y no permite que una creencia o filosofía pisotee nuestra Divinidad y nuestra humanidad, promueve el respeto y la honra a uno mismo y a otro ser, a su opinión. Asimismo, facilita la disposición de incluir a otro, aunque no pertenezca a la misma raza, ideología, filosofía o religión».

Continuó leyendo otra anotación de la libreta mientras yo bebía agua haciendo el intento de retirar la incomodidad y decidida finalmente a relajarme.

—«Frente a la excesiva censura que le impone nuestra mente al vivir diario, hay que cerciorarse de que de verdad la ventana sea amplia y de no ir por la vida poniendo etiquetas a las personas, comparándonos con toda comodidad diciendo: "¡Ah!, éste es cerrado, porque su ventana es pequeña", ni tampoco decir: "¡En cambio la mía…!", porque eso implica ego y el ego está más presente en las ventanas pequeñas, éste pone etiquetas, el Espíritu no».

Cuando cerró la libreta, los dos chocamos nuestras copas y sonreímos con cierta complicidad. Con ese brindis acompañado de tan cálida sonrisa hasta le perdoné que hubiera pasado con semejante facilidad y confianza de la curiosidad a lo que podría llamarse con acierto intromisión.

—Esto ya parece un reportaje –dije sonriendo aprovechando el momento–, mejor háblame de ti.

—Seré tu primer lector –añadió.

—Gracias –dije, con una sonrisa.

Pierre habló de su nacimiento en Dijon y su cambio de residencia a París durante su adolescencia. Sobre su ascendencia francesa por parte de madre y española por parte de padre. Habló de su profesión de arquitecto y del trabajo de reconstrucción realizado en la cafetería del *château*. El hijo de uno de los dueños fue su compañero en el colegio y también lo era en el golf. Indagó sobre mi vida y profesión. En un momento dado, se dirigió al baño. Yo salí del hechizo de su encanto y de la nube rosada en la que me había paseado mientras él me alentaba a filosofar y leía mis anotaciones no pulidas. Un pensamiento fugaz, impertinente y despistado de forma arbitraria dijo: «Tanta charla mística en la primera cita, a su sonrisa coqueta tú respondes con charla espiritual, pareces casi un monje». Otro pensamiento ya menos despistado, contestó: «Primero, no se necesita ser monje para vivir con espiritualidad. Segundo, él se ha interesado en el tema más que yo puedo haberlo incitado. Tercero, no creo que ésta sea una cita».

«Basta ya de tanto argumento, yo puedo hablar de lo que quiera», me dije, con la risa liviana que me producía ese diálogo interno.

Entonces, lo vi aparecer en la puerta del salón, casi de forma instintiva sacudí la cabeza, ahuyentando esos pensamientos, pero fue tarde porque evidentemente me había visto reír sola.

—Quiero saber qué te hace reír –dijo. ¡Cómo explicarle los argumentos del pensamiento despistado acerca de la sonrisa coqueta, del monje y del diálogo interno! Creo en la sinceridad, pero decirle aquello hubiera sido un «sincericidio». Me limité a sonreír, ignorando su pregunta y negando con la cabeza.

La conversación fue tan fluida, tan agradable que ambos estábamos encantados, teníamos un sentido del humor muy similar por lo que conectamos de inmediato. Luego de una larga tertulia ya no tan filosófica, subimos juntos hasta mi habitación por las antiguas escaleras, ya no me parecían de piedra, sino de algodón. *Les Yeux Ouverts* sonaba suavemente en el interior del castillo, nuestros pasos serenos escondían unos corazones agitados. Al llegar, apoyé mi cuerpo en la puerta cerrada.

Pierre me miró directamente a los ojos, bajó los suyos hacia mi boca pero se acercó y besó con sutileza mi mejilla. Después se apartó levemente.

—*Tu es belle* –dijo–, *una belle énigma*.

Entendí la frase por su parecido con mi idioma, pero él no me explicó su significado. Negó con la cabeza sin otorgarle importancia alguna cuando le pregunté. Se acercó nuevamente y esta vez besó mi mejilla manteniendo por unos instantes sus labios en mi piel. Sentí el aroma de su piel amalgamada con el perfume de la fragancia que usaba, lo que inundó agradablemente mi olfato.

—*J'adore votre parfum* –dijo.

Sentí que su boca me arrebataba el mismo pensamiento que mi voz se negó a pronunciar.

Una aguzada mirada parecía querer encontrar respuestas en mis ojos. Creí percibir que dudaba si atreverse a avanzar o no. Coloqué con suavidad la palma de mi mano en su pecho, empujé un poco para mantener una pequeña distancia para enviarle sutilmente el mensaje de que no era el momento, la situación o la persona para una noche de locura. Él sonrió, retiró con cuidado mi mano de su pecho y, tras alabar la sedosidad de la piel que la cubría y admirar su longitud, me preguntó si tocaba el piano.

—Lamentablemente no –contesté. Continuó con las caricias en los dedos por unos instantes más. Era obvio que no quería irse. Me dirigió de nuevo esa indecisa mirada, luego besó su dedo índice y lo acercó a mis labios. Restituí el detalle con otro beso en mi dedo índice y rocé con él los suyos. Pierre me lo devolvió luego de besarlo con tanta sensualidad que para mí supuso resistir una gran tentación.

Le di las buenas noches.

—Vete a dormir, gracias por la conversación –dije, poniéndome más seria con cierta sutileza.

—*Bonne nuit* –añadió, exhibiendo esa sonrisa encantadora que en varias ocasiones durante la conversación parecía que iba a lograr confundir mis ideas y quién sabe cómo las hubiera expuesto.

—Buenas noches –dije con premura.

Y entré rápidamente en la habitación, antes de que fuera a mí a quien se le olvidara que no era el momento, la situación y que yo no soy la persona para una noche casual de locura. Lo vi desaparecer en el ancestral corredor que conducía a su habitación.

Tumbada en la cama de mi habitación, aparecieron otra vez los pensamientos impertinentes del salón.

«Lo has abrumado con tanta filosofía», aseveraban. Yo respondí, con cierta vacilación, dudando de si tendrían razón o no. Esta duda, por supuesto, surgía de la fuerte influencia social –requiere cierto esfuerzo alejarse de las ideas de consenso colectivo–. Nunca he sido buena para mostrar algo que no soy con la intención de interesar a alguien o dar una apariencia que no es la mía. Eso no concuerda con mi concepto de dignidad, crearía una ilusoria afinidad que luego haría notar que no era tal. Con todo lo vivido había hecho una auténtica labor para conseguir una mayor aceptación de mí misma y de mi propia naturaleza, para entender más mis procesos inconscientes y sus motivaciones. Ésa, creía yo, era la vía correcta para encontrar mi autenticidad. A esas alturas, no empezaría a requerir a mi lado a alguien a quien debía mostrarle algo que no soy para que no se asustara de mi seguridad o a alguien a quien debía ocultar ser quien soy, a manera de estrategia. Eso no significaba que me volviera imprudente. El pensamiento despistado quiso insistir. No se lo permití, decidí disfrutar de esa agradable sensación, deslindándome de la posibilidad de volvernos a ver o no, de que hubiera algo más o no; podía disfrutar de ese mágico momento sin reclamarle a la vida su continuidad, que es lo que en realidad nos hace sufrir, nos perdemos el encanto de saborear la experiencia del momento por la expectativa del mañana, de un llamado, de un regreso, de una meta por alcanzar, quejándonos luego de que la felicidad es efímera. Con tranquilidad decidí vivir el momento sin apego, con agradecimiento, esperando que la vida me sorprendiera con otros maravillosos instantes.

Capítulo 2

PERCIBIR CON CONCIENCIA

Para continuar narrándote lo ocurrido con Pierre, recorreré en el tiempo y entraré en el hechizo de la dimensión de los recuerdos, ese donde los humanos solemos pasar por pequeños momentos para revivir historias hermosas y demasiados para revivir las «heridas del alma», ignorando lo que en realidad producen esos recuerdos dolorosos en nuestro cuerpo y en nuestra mente. Regresaré al instante en que decidí tomarme un primer momento sabático en México, antes de ir a París, intento que resultó fallido debido a un acontecimiento que cambió el rumbo de la historia.

Un té caliente de hierbas cargadas del sol de la mitad de la tierra calentaba mis manos y mi cuerpo. Desde mi departamento en una zona alta de la capital ecuatoriana, Quito, divisaba toda la fisonomía de la ciudad. Hermoso lugar, pensaba. Suspiros suaves del viento tropezaban con las ventanas y un frío apenas intenso le restaba algo de galanteo a la noche. Se podía observar justo enfrente la montaña decorada con luces citadinas y los muchos edificios y casas, testigos discretos de historias inigualables de la danza de almas que, algunas veces con asombrosa lucidez, otras cegadas de tantas maneras, van afrontando sus desafíos, acaso al encuentro de verdades más elevadas. Esa noche empecé a esbozar los matices de lo que sería mi primer libro, en una agenda donde, presurosa, guardé lo que mi mente me fue regalando. Unos meses atrás había decidido tomarme tiempo para desarrollar esa actividad de mi corazón que no me había atrevido a abordar, porque cuando me predisponía a ello alguna otra ocupación apremiaba e intervenía mi cabeza, dándome razones por las cuales aquello no era posible, al menos de momento. Y, aunque en otras áreas de mi vida no había dejado que ese grave problema, en que puede convertirse algunas veces la mente para nuestros más preciados sueños, me limitara, mediante argumentos innecesarios y elucubraciones que, en su mayor parte, distan de las posibilidades de la realidad, extrañamente en el preciso anhelo de la escritura, la voluntad me había flaqueado. Al día siguiente, conforme lo planeado, empaqueté todo, entregué la llave del departamento en renta y me dispuse a ir al encuentro con la escritora que escondía en mi interior, a caminar, por un tiempo, por otro lugar de la tierra, me dirigí a Puebla (México), en aquella época aún no se habían producido los lamentables hechos violentos que vive ahora ese hermoso país.

Esa tarde de abril cayó sobre Atlixco, un pequeño pueblo de callecitas empedradas cerca de Puebla, y sus alrededores una de las primeras lluvias de la temporada. Mi amiga Viviana, mexicana de nacimiento y ciudadana del mundo por decisión propia, quien había ejercido funciones diplomáticas en mi país poco tiempo atrás, logró convencerme de escoger, para la incursión en la escritura, su nación. Viviana exhibía con frecuencia su bella sonrisa, y con su sobria y elegante figura de mediana estatura y de piel trigueña siempre estaba dispuesta a ayudar. Alquilé durante unos meses aquella casa. Poco a poco, me fui familiarizando con las diferencias y similitudes de nuestra compartida cultura latina, también noté que una que otra palabra, muy inocente y legítimamente castellana, utilizada de forma coloquial en mi país allí hacía sonrojar y provocaba una que otra sonrisa. El Popocatépetl, volcán activo e imponente, de forma cónica y simétrica, era parte de la fisonomía de Atlixco. Desde el jardín, se apreciaba hacia el lado izquierdo esa imponencia con toda cercanía. Casi con indiscreción, me observaba todas las mañanas cuando yo salía al cuidado jardín en busca de los rayos del sol. A semejante vecino no se le tenía que provocar, yo lo saludaba con todo respeto, no fuera a suceder que lo viera furibundo, echando humo. Sentada en el porche trasero de la casa, observaba la danza de las hojas de plantas y árboles, dulcemente, coqueteaban con las últimas gotas de lluvia; tímidas, se desprendían y se retiraban. Mis manos abrieron el ordenador y me dispuse a empezar. Unos rayos de sol empezaban a acogernos a mí y a las plantas. Colibríes hambrientos de néctar, una que otra mariposa y una inquieta ardilla eran mis acompañantes. Sentada frente a las teclas de mi ordenador, me pasaban las horas entre frases escritas y borradas. «Menos mal que estamos en la era del ordenador –pensaba–, de lo contrario, detrás de mí habría una montaña de papeles arrugados», como solía contar Gabriel García Márquez, acerca de los inicios de sus escritos.

Haciendo uso de una buena costumbre aprendida, la de reírme de mí misma, días después de aquella tarde, a través de Skype, le hablé a mi amiga Julieta, digna poseedora de un buen sentido del humor, sobre ese primer día en que me dispuse a escribir. Me encontraba rodeada de paz y tranquilidad, en una hermosa casa de estilo campestre, en una atractiva urbanización en cuyo centro había un campo de golf, con bellos e inspiradores paisajes. Todo estaba dispuesto, aunque había mirado varias veces la pantalla, me había parado, me había sentado, me había acostado, me había cruzado de brazos, los había descruzado y había vuelto a poner mis manos en el ordenador, la creatividad no era un recurso que estuviera a mi alcance en esos momentos. Producto de un trayecto lleno de actividades y de la cotidiana necesidad de celeridad para tomar decisiones y encontrar soluciones a los retos ejecutivos que la vida comercial impone, cierta impaciencia entraba y salía de mí como «dueña de casa». Un pensamiento considerado, gozando del buen don de la empatía me dijo: «Primero baja el ritmo, desacelérate». Y así lo hice. En mi intento, otro pensamiento solidario, creativo y hasta aprendiz de terapeuta empezó a hablarle a la ardilla con la pretensión de ayudarme. Explayada ya en la tertulia, de repente, apareció otro pensamiento, de esos circunspectos cuyo humor no era lo que podría decirse precisamente risueño, como suele suceder con los de ese tipo, interrumpiendo un poco la diversión, me censuró porque estaba perdiendo el tiempo, el juicio y usando de confidente a la ardilla. Claro, que el pequeño y peludo mamífero no era un oyente desinteresado, tuve que sobornarlo con unas cuantas nueces para que me procurara el privilegio de prestarme sus oídos y gozar de su compañía cómplice para lograr mi objetivo: entrar en el ritmo apropiado que me proporcionara la capacidad de inspirarme. Al escucharme, Julieta rio de mi experiencia en mi primera tarde como escritora, y aunque en ese momento su ordenador no disponía de cámara de vídeo, casi pude ver a la distancia su menuda figura, su dulce rostro, su ensortijado cabello castaño alborotado en ese preciso instante por su pequeña mano y sus risueños ojos color café haciéndoles de marco a su risa y a sus sonrisas.

«Escribiré sobre mis verdades actuales –reflexioné–, ellas coincidirían con las de algunos y no con las de otros, como no ha de ser, si ni siquiera coincidían con mis verdades de épocas anteriores, como suele suceder cuando vamos creciendo y evolucionando, y pensar que defendemos nuestras verdades momentáneas con tanta vehemencia –me dije–. Conforme al encuentro de un nuevo conocimiento, sentía paz, alegría, libertad interior, holgura financiera a pesar de los inicios intrincados que me habían causado consternación. Afrontaba las circunstancias de una manera distinta y más sana. Luego del trayecto tortuoso, mi mente había aceptado lo mágico de la existencia y eso es lo que vivía en esos momentos, como dicen, «vivimos lo que nuestra mente es capaz de aceptar». Con esa suerte de experiencias, era consciente de que vale la pena todo ese proceso de entregar un poco del ser que constituye, en realidad, escribir.

Otro día, en mi búsqueda de la musa, hice una pausa para tomar uno de aquellos libros que tanto me gustaban y extasiarme en la destreza del autor para contar historias de gran contenido con una aparente simpleza, por medio de esa sinfonía de palabras, que muchos escritores logran arrancar con habilidad del campo de la inspiración, tan afable como esquivo. Pese a que no me consideraba una adicta a la lectura o a ninguna otra cosa, puesto que la libertad no es compatible con las adicciones, los apegos, el fanatismo, ni con las ideas aferradas, la lectura era una de las actividades de las que más disfrutaba.

La particular forma de mi padre de transmitirme su pasión por la lectura había dejado una agradable huella en mí. Las librerías se transformaron durante mis primeros años en una tienda de dulces. En mi infancia, mi padre y yo recorríamos los estantes de libros para niños. El escogido me era entregado bellamente envuelto con papeles y lazos de colores. Cada relato de un libro concluido sin presiones, en una tarde de sábado rodeada por sus brazos y su amor, recibía de premio un pequeño chocolate. Con su actitud y todo el ritual de mi padre con objeto de incentivarme para que leyera, mi mente había asociado esos momentos hermosos en su compañía con la lectura. Aun cuando los chocolates se quedaban envueltos en una pequeña mesita de noche de mi habitación, porque por aquella época no me gustaban, leer se volvió para mí un placer. Hermosa forma de enseñar. Hay asociaciones en la niñez que son de tal provecho que resultan un verdadero privilegio; vale la pena hacerlas conscientes, reforzarlas y disfrutarlas. Hay otros recuerdos que causan emociones que lastiman, que para nuestra salud mental y emocional conviene darse el tiempo para detectarlos y alquimizarlos de la forma más benévola posible.

Viviana y su esposo me visitaban de vez en cuando, las delicias mexicanas que preparaban habían logrado por su picor, más de una vez, poner en aprietos a mi paladar. Yo había comido platillos tex mex como casi todos, porque la comida mexicana es muy apreciada a nivel internacional, sin embargo esos platillos distan mucho de los originarios en su verdadera patria. A pesar de ser el chile un noble ingrediente presente en casi toda, por no decir, en toda comida mexicana, de ser un fruto copartícipe de la identidad nacional, y por tanto ser su obligación mostrar actitudes hospitalarias hacia mí, lamentablemente no manifestó tener buena predisposición con respecto a mi paladar, aunque yo traté de limar asperezas y de entablar buenas relaciones con él, como establece el código de la urbanidad y de la diplomacia, no pude. La primera vez que fuimos con Viviana a un restaurante, con cortesía le solicité al camarero, vivo exponente de los preciados atributos de la gentileza y simpatía que posee la gente mexicana, que indicara que en la preparación de la receta le pusieran poco o, haciendo una excepción, no usaran tan vigoroso ingrediente con el que las relaciones ya no habían resultado muy fluidas. Cuando regresó el camarero con el plato, hice las preguntas pertinentes para cerciorarme de que no estuviera tan picante, debido a que mi solicitud de evitar el osado fruto no había sido aceptada, esas excepciones con la comida mexicana son inviables. Con la sonrisa, la gentileza y la amabilidad ya exhibidas momentos antes, contestó: «No, señorita, no está picante, no pica». Con tal simpática sonrisa ni pensar en dejar entrar a ese feo sentimiento que es la duda. Como era obvio, con el segundo bocado, «me enchilé». Ni el agua, ni el pan pudieron apagar el fuego en mi boca. Con posterioridad, como sabía que el peculiar muchacho llamado chile estaba invitadísimo a toda cena, al sentarme a la mesa, procuraba con premura ubicar bien cerca un salero, para que en el momento de la emergencia pudiera echar mano de él con cierta dignidad y con toda presteza, ya que resultaba imposible que yo anduviera llevando un recipiente con leche a toda invitación. Así, con aliado en mano, pude disfrutar de la deliciosa comida. Como suele pasarnos, luego de ciertas experiencias, mi credulidad se vio afectada, la sospecha ganó confianza y se desplegaba con pericia cuando cualquier camarero o Viviana decían: «No, no pica».

Una imagen alborozada se reflejaba en el espejo, como muchas veces en ese tiempo lo había hecho. Arreglé mi larga cabellera. Cubría mi figura un vestido de un rojo intenso, de hombros descubiertos, un delicado cinturón de tela se ajustaba por detrás y ceñía mi cintura. Apliqué a mi rostro algo de maquillaje. Me observé atentamente. Algunas veces cuando me detenía a mirar mis ojos o los de otro ser humano, yo entraba en la profundidad de la creación y, por instantes, tan sólo por instantes, creía entenderlo todo. Creía ver en aquella contemplación los secretos de la vida. Resulta gracioso que nos miremos todos los días en el espejo y lo poco que nos vemos. Bajé las escaleras, como cada mañana, olas de luz solar se colaban por los amplios ventanales, afortunada me sentía de contar con esa compañía en mi ritual diario de baile matutino. Con la tranquilidad sentida por quien ha atravesado una tempestad, recordaba viejos tiempos, remembranzas de mañanas acicalando mi ser y mi atuendo para dirigirme al aeropuerto, al ritmo de la música tropical, lo cual resultaba muy útil y aportaba a los ánimos que necesitaba aquellos días.

No fue siempre así. No siempre pude bailar. Hubo tiempos en los que olvidé que hay mejores recursos para enfrentar los retos que la preocupación constante o el rendirse a «tengo derecho a estar triste o preocupado» a causa de que «esto ocurre». Aunque hay circunstancias que no provocan una sonrisa, en las que «tenemos derecho» a estar tristes, la diferencia reside en qué importancia tienen de verdad los «esto», o cuánto tiempo tenemos «derecho» a estarlo.

En el proceso de aprendizaje que clasificaría convenientemente las cosas por las que «vale la pena» estar triste o preocupado, una película me envió una clara misiva, como solía sucederme con las películas y los libros, medios –entre otros– de los que algunas veces en su bondad se veía forzado a usar el Universo para aclararme algo o transmitirme el mensaje cuando un oído confuso ignoraba esa sugerencia interna de la que todos disponemos; esas veces en las que yo quería como buen ejemplar humano proceder como se le daba la regalada gana a mi emocionalidad. Al oír un diálogo de la película, me apoderé de su contenido: «Esto tiene final triste; fracasé», decía la protagonista. El otro personaje contestó: «Todo depende de dónde pongas el final». Recorriendo los finales, resulta que hay pocas cosas por las que se decide estar triste o preocupado. Recorrerlos mientras se aprende la enseñanza oculta detrás de ese velo de final triste, de ese desafío, no significó sentarme a esperar a que todo cambiara o que, para evitar el sufrimiento, huyera. Significó sacar de mi cuerpo, mente y alma el sufrimiento para encararlo de frente, fuera de mí, sintiendo paz a pesar de todo, evitando introducirme o quedarme en el drama mientras comprendía los mensajes de sabiduría que me llegaban a través de esa situación, para así poder superarla con mayor rapidez y comprensión. Significaba también descubrir que se podía crear, a partir de ese final, otro sendero con mejor terminación, considerando a esa ocasión como la oportunidad de reescribir el guion para modificar lo que quisiera, en cualquier aspecto de la vida, sin estrés, sin preocupación, sin importar lo que dijeran los demás; con benevolencia, bondad, sensatez.

Este cambio en mis creencias había traído mucha paz a mi vida, excepto cuando mi condición humana me ganaba. Me refiero a esos momentos que bloquean la esperanza, que se han de cuidar de que sean tan sólo momentos, no la cotidianidad, a esas ocasiones en que la mente nos confunde contándonos trémulas historias.

Mi coqueteo con la música fue interrumpido por el sonido del teléfono. La voz entrecortada y taciturna de mi hermano hizo que luego de colgar el auricular traspasara la puerta que daba al porche trasero en un estado casi hipnótico, sin entender mi reacción. Con una postura descuidada dejé caer mi cuerpo en un sillón de la sala. Casi no había podido hablar o despedirme, la sorpresa se había apoderado de mi voz. De repente, el canto de los pájaros y la danza de los rayos del sol se volvieron lejanos; el ambiente se enrareció. La noticia modificaba mis planes. Súbitamente, me sentí inmersa en una bruma. Hice una reserva a través de la web, y en una noche sin luna me dirigí hacia la capital mexicana para tomar el vuelo. En las salas de espera de los aeropuertos, en las alturas a las que se elevaban los dos aviones que tomé para regresar a Ecuador, los muchos recuerdos de la vida compartida con Ángela se agolparon en mi mente. Ahora ella, con esa suerte de partida de los humanos, se había ido.

Un hado infortunado se llevó a mis padres cuando mi hermano tenía ocho años y yo cinco a causa de un accidente. Por ese motivo vivimos en diferentes hogares de familiares, ante la imposibilidad de que nos acogieran a ambos a la vez. Me convertí en la última hija de mi hogar adoptivo. Tres primos fueron de pronto mis hermanos. La piadosa voluntad de mi nuevo padre hizo centrarse en prestarle especial atención a la pequeña niña. No le llamé papá hasta que crecí y noté verdaderamente su significativa presencia, solicitando su permiso para hacerlo, un momento conmovedor para ambos. Las atenciones iniciales de mi tío provocaron cierta molestia a su esposa

Ángela. Aquel desarreglo de la vida exigía una ineludible adaptación, de forma irrefutable se le había obligado a convertirse en mi madre y ella no aceptó ese papel hasta que los cabellos canos invadieran su cabeza.

Al llegar a Cuenca, la ciudad de mi niñez, abundantes imágenes del pasado se arremolinaron en mi momento presente. Una nube de otra dimensión bloqueaba algunas veces a mi padre. Tras acercarme a él, le abracé y acaricié su cabello oscuro apenas encanecido a pesar de la edad. Su mediana estatura, sus gafas y su serenidad le daban mayor sobriedad a su ya estricta figura. Su mente mostraba los deterioros de la vejez, de los que él solía renegar con fastidio en momentos en los que su cerebro le regalaba la preciada lucidez. Era un privilegio para mí gozar de aquellos momentos en que su memoria henchida de generosidad prolongaba su presencia, y me permitía disfrutar, una vez más, de su amplio conocimiento del mundo, naciones, tierras lejanas y sitios históricos guardados como reliquias de épocas pasadas, cuyos verdaderos secretos quizás nos estuvieran velados. Aquéllos eran relatos cargados de datos precisos y con todo lujo de detalles referentes a esos lugares que él había visitado con minuciosidad, gracias a su amplia biblioteca, porque él salió de viaje únicamente a la tierra vecina de Colombia. Era un privilegio escucharle hablar embriagado de entusiasmo de las películas de antaño, en las que Audrey Hepburn, Bette Davis, Brigitte Bardot, Rita Hayworth, Marcello Mastroianni, Fred Astaire, Gary Grant o Humphrey Bogart eran las estrellas.

—Mi tesoro –dijo, y sus brazos me rodearon. Sus ojos serenos lloraron.

Se suele despedir a los que se van con dolor, lágrimas o culpa. Mi ser despidió a Ángela con amor y agradecimiento.

Cuenca es pequeña y posee un encanto especial. Hace gala, altiva, de los cuatro ríos que la atraviesan, en sus orillas los sauces llorones se disponen en fila, quizá con la intención de rendirle pleitesía. No son ríos perezosos, porque sus aguas corren con imponencia. Posee una riqueza arquitectónica que guarda como testimonio de una época pasada. También está acicalada con belleza natural. Con distinción, exhibe los antiguos edificios, recuerdo de historias coloniales y de inicios de la república. Las casas, más bien bajas y de techos de teja color terracota, están adornadas en su mayoría con abundancia de plantas y de flores. La arquitectura tiene una fuerte influencia española.

Mi padre lucía sobrio y elegante con traje negro y una corbata gris. Una vez en casa, se veía más sereno después del velorio y del sepelio. La casona era antigua. A pesar del tiempo transcurrido, se mostraba impecable. Conservaba algunos rasgos de antaño, como una pileta en medio del patio, un techo de vidrio, modernamente acoplado, que cerraba el lugar alejándolo de los brazos del frío y dejaba filtrar el sol para dar baños de vida a las numerosas plantas. Pilares de madera sostenían un segundo piso que se desplegaba en el contorno. Los techos altos permitían exponer grandes cuadros y las puertas de madera, algunas veces, rechinaban, quejándose del tiempo que llevaban realizando su servicio. Haciendo uso de mi afición al diseño y la decoración, así como a mi poder de convencimiento, años atrás se me permitió actualizar ciertos espacios manteniendo su estilo, sin embargo, no cabía duda alguna, el ambiente sabía a Ángela. Ella era una mujer difícil de complacer y de tratar. Cuando empecé a cambiar, a entender mi naturaleza y la suya, la relación entre ambas se fue pausadamente transformando en armoniosa y llegó a ser hermosa. Regresar allí, bajo esos nuevos cielos, me causaba una nostalgia sin pesar. El corazón se sentía en paz.

Mi padre se acercó, besó mi frente. De pronto, se perdió en ese universo interno. Un mar de emociones y de agradecimiento recorrió mi ser. Acaricié su rostro, momentos antes de que su mente lo ausentara. No tuve el placer de decirle cuánto le quería y apreciaba sus cuidados, lo había hecho varias veces antes desde que aprendí a estar atenta para no dilatar momentos agradables; con ese entendimiento proveniente sin equívoco de la conciencia, no volví a perderme el privilegio de expresar oportunamente un «te quiero», un «estás muy atractivo», «estás hermosa», «eres un ángel», «que la vida conserve tu bondad», porque no solamente es una lisonja para el otro, es también un verdadero privilegio para el alma propia expresar con sinceridad algo hermoso a otro o a uno mismo, además de causar bienestar, se pone de manifiesto la «elegancia del Espíritu». Mi tío se retiró despacio y se sentó en una silla lejana. Me di la vuelta y contemplé el gran sillón, rayos de sol vigorosos lo rodeaban tanto que provocaban pronunciadas sombras. Mi mente recorrió la banda ilusoria del tiempo transportándome a uno de mis primeros días pasados en aquella casa, inmediatamente luego de que mis padres fallecieran, a un momento en que trastabillé y caí. Él leía sentado en el sillón. No se asustó ni se inmutó. Me miró fijamente, con los ojos por encima del libro. Me había dado un buen golpe. Cuando lo miré con mis ojos enlagunados, se dirigió a mí con voz firme en un tono suave.

—Levántate, anda, ven aquí –dijo. Su firmeza no me dejó otra cosa que obedecer. No sé si fue la dulzura de su voz, a pesar de la firmeza, o el sentir, por instantes, que estaba con mi padre, tal vez debido a la fisonomía tan parecida de ambos, pero aquella tarde esa imagen marcó mi vida. Me levanté y me dirigí lentamente hacia él.

—Mira tu rodilla apenas está roja, sólo algo lastimada, límpiala –dijo– extendiendo un impecable pañuelo blanco que sacó del bolsillo de atrás de su pantalón, tan planchado que no parecía que hubiera sido puesto allí horas atrás, sino que salía directamente de uno de los cajones de su armario, lugar donde todo estaba acomodado milimétricamente. Mi rodilla tenía algún rasguño, apenas sangraba y a su alrededor lucía un color rojo intenso que luego derivaría en morado. La limpié. Luego le devolví el pañuelo, él lo volvió a doblar correctamente y lo puso en la esquina de una pequeña mesa que había al lado del sillón.

—Ahora extiende los brazos –dijo.

Lo miré sorprendida, él insistió. Yo los abrí. Los tomó con sus manos y los cruzó sobre mí.

—Eres valiente –añadió.

Yo me quedé abrazada por mí misma y por sus brazos cubriendo los míos.

Desde entonces, cuando pasaba algo doloroso, esa imagen venía a mí, cual oleada balsámica que permitía apreciar el aroma de la primavera estando en un invierno.

En esa tarde soleada, en la casa de mi tío, a mis cinco años, como ya habrás comprendido, aprendí a no lamentarme de las cosas que sucedieran. Ello me ayudó más adelante a no huir de las circunstancias, a buscarles solución sin lamento o dolor adicional proveniente de otros sentimientos como la culpa, el arrepentimiento, el miedo, la queja o a quedarme en la eterna búsqueda de los porqués sin respuestas. Una valiosa y productiva enseñanza que, sin embargo, no me permitió aprender a llorar.

Aquéllos eran momentos dolorosos para mis hermanos y para mí, ellos permanecían callados mientras mi mente estaba muy activa recibiendo imágenes pasadas sin parar. De repente, uno de los recuerdos más gratificantes con Ángela apareció en mi mente: años atrás, en su renovación de los votos matrimoniales, me acerqué a ella. A pesar de esos patrones de comportamiento, era una buena mujer. Era una dama bella, su cabello estaba ya completamente cano; no usaba maquillaje y de ninguna manera aceptaba consejos acerca de ello. Le pedí que me permitiera maquillarla, ignorando que yo guardaría en mi memoria aquel momento, como la comprobación de que resulta posible sanar y eliminar más fácilmente desde la conciencia esas heridas que vamos acumulando por percepciones reales o ilusorias a partir de las experiencias vividas. Ángela accedió, se sentó en el taburete frente al tocador de su habitación. Por la ventana lateral entraban los últimos rayos de sol de la tarde, bañando a un cómodo sillón verde oliva y a sus dos mullidos almohadones. De pie, tras ella, arreglé su hermoso cabello blanco y luego la maquillé. Fueron momentos de complicidad, de compartir sencillas expresiones de amor con la mujer que, tiempo atrás, se había mostrado muy distante, que devolvía silencio a mis frases amorosas. Cuando terminé, mi expresión de elogio a su belleza obtuvo, de sus labios, un «te llevo en mi corazón». Inmovilizada por la sorpresa, mi voz se silenció. Me abrazó y yo le devolví el abrazo con profundo sentimiento, yo también la amaba. Tras sobreponerme al asombro lo exterioricé. Algunas veces tomamos caminos un poco enredados para aprender lo que de verdad es el amor.

Un recuerdo menos agradable acudió a mi mente, pero ya el entendimiento había hecho su lavado balsámico y todo estaba bien.

Recordé que Ángela tenía la costumbre de solicitar cariño y atención de una manera poco saludable, con diferentes formas de manipulación, victimizándose, llorando, inventando enfermedades inexistentes. En mi memoria aparecían tantas imágenes de queja y enfermedad, me llevaría mucho tiempo y el encuentro de la compasión para entender su historia sin juzgarla ni justificarla, lo que no sólo es compasión, sino también salud del alma. Una carencia de amor y de atención no saciable por otra persona tenía atrapada a Ángela, aun cuando esos otros demostráramos tener una gran voluntad para intentar darle lo que pedía. Usualmente, las personas que han desarrollado ese modelo de comportamiento nublan su razón, ignorando que sus exigencias causan el efecto contrario, de tal suerte aprendí en mi niñez que pedir amor o aceptación de mala manera no logra el objetivo y solamente consigue desgastar a los demás.

Incipientes brochazos de conciencia me indujeron por una senda luminosa, obsequiándome el buen juicio de no dejarme empujar por argucias de la mente a caer en la tentación de justificar comportamientos presentes no asertados, o dolores tortuosos por experiencias vividas.

Susurros de un alma entusiasta me hacían sentir que nada era suficiente justificativo para limitarme o quedarme enganchada en algún dolor, siendo de ello testimonio tantas hermosas historias de alquimia humana.

Ya recorridos algunos años de juventud, decidida a liberarme de cadenas que me ataran a malas percepciones de la vida, entendí un concepto que ya es todo un cliché. Hay solamente dos caminos: con las mismas circunstancias de vida, pasadas o presentes, podía sentirme triste o infeliz y lo justificaría ampliamente con todos los argumentos que a la mente se le ocurriera darme, entrando en el juego de que había sido víctima de eventos o personas. La vida me daría la razón, quitándome el poder personal para autoliderar mi camino, y así cargaría con una tristeza autoimpuesta por la percepción de mi pasado. La otra opción era asumir la responsabilidad de mi bienestar y de ser lo más feliz posible. Hay que estar atento para ser feliz, me quedó claro.

Mis experiencias lograron hacerme notar con facilidad las heridas de ese tipo en otras personas, aun cuando no hubieran sufrido una orfandad real como la mía. Los niños guardan las experiencias, también los adultos, como las interpretan, tal vez ni siquiera como sucedieron en realidad, y para completar todo el cuadro le añadimos elucubraciones. Tales experiencias, dolorosas para el niño o el adulto, resultan verdaderas y suelen herirnos, muchas veces, de forma profunda, ignorando que lo que nos hace daño es la carga emocional que queda asociada a la interpretación dolorosa que le damos a una situación y no necesariamente la realidad. Por ello, resulta interesante y sanador cuidar nuestra percepción de las circunstancias reales y de la intención del otro, así entenderemos que todas las malas actitudes o el comportamiento nocivo de un ser humano para con otro o para con uno mismo obedece a una sola razón: ignorancia espiritual, la cual todos padecemos en diferentes medidas, y la vamos venciendo conforme nos enfrentamos a los desafíos, para ir abriendo las puertas a la sabiduría del Espíritu, cuya única esencia es el amor. Hasta las malas intenciones son ignorancia. Si consiguiéramos comprender esto, nos heriríamos menos, no nos tomaríamos las cosas de forma tan personal; nos llevaríamos solamente el aprendizaje, no un peso doloroso innecesario, lo que nos provocaría menos cicatrices en el alma. Con este concepto, aprendí a decirme ante cada situación difícil o comportamiento no muy agradable del otro o de mí misma: «cómo percibo esto con conciencia y sabiduría», porque la mente funciona con palabras, al darle esta frase dirijo a mi mente.

Esa nueva claridad me permitía constantemente acudir a una sabiduría superior en búsqueda de la mayor sensatez posible para mirar y percibir las situaciones, lo que, en consecuencia, me hacía estar presente en el presente, donde suele encontrarse la posibilidad de estar en paz de forma duradera. Esta búsqueda logró hacerme comprender que percepciones más sensatas lo alquimizan todo, sanan el ser, pueden cambiar la situación y, por ende, la vida entera. Esto no significaría mudarnos al paraíso de los cándidos o volvernos condescendientes con las malas actitudes, las perniciosas acciones de otro, la delincuencia y la corrupción, sino entender mejor la vida, dejando de añadir decepciones o dolores al ser.

A pesar de todo, la actitud de Ángela fue muy aleccionadora. Mi infancia me otorgó independencia emocional, debido a la dificultad de lograr atención o aceptación de Ángela, la encontré en mí misma, obteniendo una seguridad que me hacía bastante más libre en relación a la aprobación de los demás, algo que suele condicionar mucho a las personas. Mientras fui desarrollando esa suerte de libertad de la aprobación, a la vez lo iba haciendo con otras pautas. La delicada meticulosidad de mi padre, unido a su talante juguetón usado para enseñarme la forma apropiada y minuciosa de organizar mis juguetes y mi armario, iba atrayendo tanto a mi pequeño ser que sin darme cuenta fui cayendo despacio y con la más candorosa ignorancia en los brazos del perfeccionismo, que son a ratos muy asertivos y nos respaldan y, en otros momentos, un poco tiranos porque nos llenan de exigencias y de presiones. El perfeccionismo «heredado» en un momento de la vida fue para mí un peso en el corazón. Aunque el buen juicio me hace confesar que, en verdad, me ayudó posteriormente de manera significativa en mi desempeño profesional y me otorgó ciertos laureles, resultó complicado de soltar para lograr hacer las cosas bien y, al mismo tiempo, disfrutar de ellas. Fui cambiando el perfeccionismo, ya que logré entender poco a poco su naturaleza, no hay nada mejor para cambiar que comprender, así de fácil, así de simple. Guardé de esa experiencia el mensaje de que aprender un nuevo patrón resulta más fácil con juegos que con severidad. Y así lo hice.

Alejándome, por mi bien, del discurso de la mente aferrada a la resignación de consenso colectivo que sentencia que para cambiar o aprender se requiere de un cierto proceso, usualmente engorroso y largo, acepté ya sin candor que «hay que aprender a aprender rápido». Son tantas las veces que una palabra, una frase, un argumento que nos impresiona o resuena en nuestra mente logra cambios transcendentales, que por qué no habríamos de permitirnos la posibilidad de aprender a través de procesos cortos –me pregunté–, si lo que se busca es la paz, el equilibrio.

Es una lástima que esto también funcione con lo negativo. Ideas o filosofías nocivas pueden corroer con rapidez mentes y hacer daño a personas y a naciones enteras. Aprendiendo a aprender rápido, enfrenté el temor a dejar de ser perfeccionista y a volverme negligente. Tomé conciencia de lo limitante que resulta el perfeccionismo y elegí el amor y una excelente actitud para realizar toda acción porque ello haría posible disfrutar del diario vivir. Llamé a ese principio «inteligencia de las actitudes» porque es inteligente facilitarnos una vida eficiente y a la vez feliz. Añadiría más amor por mí misma para permitirme aprender a ser con eficiencia lo mejor de mí sin forzar las cosas.

Con la actitud de Ángela, me percaté de lo que puede ser capaz de hacer nuestra naturaleza humana para lograr la tan anhelada aceptación o atención. Aprendiendo por antítesis y no por ejemplo, elegí mostrar actitudes amorosas y gentiles sin más pretensiones que el privilegio de ver contento a otro, sin esperar que se comportara conforme a mi expectativa, lo cual en un momento se transformó en el agradable sentimiento de ser feliz con la felicidad de los demás.

Con ese abanico de experiencias, me permití mirarme con honestidad y realizar el proceso para ser lo que era, sin perfeccionismos, caminando en paz hacia lo que podía ser con mi autoaprobación, sin necesidad de demostrar nada a nadie, ni tan siquiera a mí misma. Y como todo eso me llevó a comprender que la gran diferencia en el accionar humano se debe a las motivaciones que están detrás, de las cuales en demasiadas ocasiones ignoramos todo, sin meterme en un gran dilema mental, le di importancia a determinar los patrones propios o heredados que motivaban ciertas actitudes, para hacerme más consciente de mí misma y comprender los estímulos que me movían para tomar ciertas decisiones, a actuar, desear algo o soñar.

Con el tiempo, fui poniendo en orden al ego y dándole más cabida a las motivaciones provenientes de una conciencia mayor. Así empecé a acostumbrarme a buscar en mi interior qué me impulsaba y a preguntarme con frecuencia ante mis acciones: «¿Qué me motiva para exhibir este comportamiento o a tomar esta decisión? ¿Algo noble y equilibrado o no?».

Capítulo 3

SOÑAR PARA ENTRAR
EN EL MUNDO DE LO POSIBLE

Cuando conocí a Pierre, era ya una caminante, pero los caminos que me llevarían a él fueron de inicios intrincados y comenzaron muy temprano. Los deseos de cambiar el mundo, comunes en los anhelos altruistas de la adolescencia, me hacían desear trabajar como voluntaria en alguna organización de ayuda humanitaria. Pero esos planes cambiaron drásticamente cuando determinadas responsabilidades serias aparecieron poco después de mi cumpleaños número dieciocho, tras unos meses de terminar el colegio. El ímpetu adolescente trajo la bendición de una vida, quien llevaría de nombre Gabriel, un forzado matrimonio juvenil, un giro en la vida muy grande y con ello un cúmulo de aprendizajes.

Para ese entonces, mi tío ya recibía la denominación de padre, el artífice había sido mi corazón que, adolescente aún, pudo entender de forma precoz los locuaces mensajes de la vida y se permitió albergar la valiosa virtud de la gratitud. La estricta visión de mi padre sobre la vida fue sacudida por tales circunstancias, posteriormente lograría flexibilizarla para el beneficio de su propia sabiduría. Es una acumulación de malestares y una pérdida de tiempo resentirse con los padres o con los hijos, pues, en algún momento la vida empujará para lograr el perdón. En ese lapso yo no lo sabía con esa certidumbre. A pesar de esa inconsciencia, frente a la severidad de su actitud, el amor y los cuidados que me brindó en mi niñez hicieron a mi corazón comprender su forma de actuar, preferí recordar cómo su rigurosa figura, durante mi infancia, perdía su severidad cuando jugaba conmigo sentado en el sillón, mientras yo yacía sobre un gran almohadón en el suelo, donde se desplegaban todos los juguetes a los que él pretendía prestarles atención.

Le costó mucho a mi padre modificar su visión; mientras se hacían los arreglos pertinentes que conseguirían su ampliación, no conté con la ayuda familiar. En ese momento, su ventana estaba más condicionada por la percepción de la sociedad de aquel entonces, la cual, en una ciudad latina y pequeña de hace poco más de veinte años, no era de lo más panorámica, como quizá resulte fácil imaginar. Ángela, a pesar de no ser drástica conmigo, no sintió la necesidad de ayudar con el bebé. Volví a ver a mi padre, cuando Gabriel podía reír a carcajadas, siete meses luego de su nacimiento. Esa lejanía familiar producto de la dura censura, se debía menos al embarazo y más a no haber realizado el matrimonio eclesiástico, acción que atraería comentarios de la sociedad de aquella época cercana a mi familia.

La interpretación inicial de las aparentes realidades son las que tantas veces causan un mayor malestar y quizás no las situaciones en sí mismas, a pesar de que puedan haber circunstancias difíciles o muy retadoras; la ruptura de lo políticamente aceptado causa serios dolores innecesarios. Con una frecuencia asombrosa, las creencias humanas nublan la lucidez necesaria para contemplarlas desde la sabiduría. Más ocasiones de las que quisiéramos nos lleva un tiempo considerable aceptar una situación que pareciera desde una primera óptica inadmisible. Sin embargo, más adelante cuando volvemos a observar la situación, resulta que no tuvo la condición de inaceptable, pero en el ínterin, ya hemos reaccionado tal vez desde la rigidez de la mente y han sucedido muchas cosas como consecuencia, por ello resulta conveniente ¡mirar bien la primera vez!, lo cual mi padre no hizo.

Dieciséis años después, él se recuperaba de un segundo infarto, su sensibilidad era muy notoria. Me acerqué a él. Se incorporó despacio. Lloró. Nunca antes lo había visto llorar. Fue conmovedor. Me miró y me bendijo. Tomó mi mano derecha y con la suya rodeó la mía, de tal manera que quedó mi puño dentro del suyo. Los levantó levemente y dijo: «Eres una mujer muy valiente, yo he aprendido mucho contigo». Supuse de inmediato que tal aprendizaje no se habría producido de la manera más fácil, como estoy segura, podrás dilucidar. «Cuando Gabriel nació…». Yo puse fin a su discurso, no necesitaba esas dolorosas disculpas, me quedé estupefacta, recordé por instantes que fui tratada por él y por casi todos los miembros de la familia como si hubiera cometido un crimen, borré rápidamente ese recuerdo para poder abrazarlo y disfrutar rodeada de su amor, de ese momento de complicidad.

Él era un hombre de ciertas contradicciones, como quizá lo somos todos en alguna medida. Mi corazón lo aceptaba, más allá de los rasgos acertados o errados que la personalidad le imponía, los cuales no permanecían para mí ocultos. Como suele suceder cuando la madurez emocional nos lo permite, para el propio bienestar, la visión de los padres no está condicionada por los ojos de la niña o el niño que pide aprobación, por la candidez de la idealización de la infancia ciega por la imagen de la autoridad, por la censura adolescente, o por algún resentimiento. Así se hace posible mirar a los padres desde el ser adulto, sin falsas necesidades de justificar o reprobar.

Comprendía que los convencionalismos sociales de mi padre no le permitieron «mirar bien la primera vez» toda la situación, y dejó que en el ínterin el dolor o la incomodidad innecesarios sucedieran. Resulta obvio entender por lo ya relatado que esta dispensa para la actitud de mi padre no estaba por mucho tiempo disponible en mi interior para la de Ángela, que fue posible cuando maduré emocional y espiritualmente.

El padre de Gabriel y yo alquilamos un pequeño apartamento en un segundo piso. Para cumplir con mi requerimiento de ser diligente y exigente conmigo misma, yo trabajaba luego de las clases por las tardes, en un banco de la ciudad desde los dieciséis años, continué en aquella posición. Él desempeñaba trabajos temporales mientras estudiaba en la universidad. En el pequeño piso había muy pocos enseres. El dinero era escaso, tratamos de ahorrar pero ese cometido no resultaba posible. Ante la exigencia del banco de que debía vestir con formalidad, tuve necesidad de recurrir a mi prima Daniela, que acababa de ser madre para pedirle prestados vestidos de maternidad. Ella me facilitó, con afable diligencia, uno rojo con azul y uno verde. Ambos vestidos fue todo lo que usé para ir a trabajar cuando esperaba al bebé. Algunas veces los recursos escaseaban más, de tal suerte que me veía imposibilitaba de llevar el almuerzo al trabajo. Una de mis compañeras solía hacer el favor de prestarme unos pocos sucres, la moneda de Ecuador en aquel entonces, hoy, el dólar.

En la esquina del banco había un pequeño restaurante que ofrecía pollo y patatas, algunas veces pude comprar solamente patatas, porque el dinero disponible no alcanzaba para comprar el pollo. Por suerte al parecer a mi bebé que aún no había nacido le gustaban las frutas y las legumbres, las cuales en mi país resultan baratas. Se acercaba su llegada y no teníamos más que ofrecerle que una canastilla, que yo misma había cosido a mano con una suave tela de color amarillo con motivos infantiles, algunos pañales, un par de biberones, un atuendo del color de la esperanza, tejido por mí para su primer día en el mundo y un par de payasos cosidos también por mí con retazos de ropa usada, a quienes más adelante Gabriel les dedicaría sonrisas, risas sonoras y grandes atenciones mientras daba alborozadas pataditas y agitaba los brazos con entusiasmo.

Llegado el momento, lo vestimos elegantemente con la ropa del niño de Daniela que, gracias a su bondad, procuraba para mi hijo. Aun con poca comida y con ropa prestada, la tierra lo recibió cuatro días después de mi décimo noveno cumpleaños. Era muy risueño, de grandes ojos de color café, de cabello marrón oscuro. El talante sereno de su pequeño ser ayudó a la joven e inexperta madre sin guía sobre los cuidados a dispensar a un bebé.

Tales intrincados episodios suelo contárselos a Gabriel para recordarle que es bueno ir en pos de los sueños…, la situación puede siempre cambiar. Algunas veces, como suele suceder con los hijos, supongo que está cansado de ese relato, pero me escucha con una dulce sonrisa, sé que no pone orejas «de madera», por el hecho de que piense «ya lo sé mamá». El hecho de no escuchar está ampliamente justificado sólo para palabras impertinentes o agresivas, y él lo sabe.

Dicen que se puede tener una experiencia espiritual, incluso al llevar a cabo las tareas más triviales y cotidianas. En aquel entonces yo soñaba con encontrar una actividad laboral que me permitiera contar con mayores recursos, con otro tipo de experiencia, yo aspiraba a más. De pronto, me sorprendí varias veces compartiendo un mágico momento con la vida, creando mi futura realidad. Está claro que en ese momento no lo contemplaba desde esa perspectiva. Me sentía feliz, soñadora, mientras mis manos adolescentes lavaban prolijamente los pañales de Gabriel hasta la madrugada (en aquellos tiempos los pañales desechables eran inalcanzables para nuestro presupuesto). Por aquella época, ni sospechaba que se podía tener una experiencia espiritual de complicidad con la vida al pretender aspirar a un futuro mejor, aun cuando mis ojos veían una realidad muy diferente, muy dura y limitante, y aun cuando no supiera cómo se produciría ese mágico cambio. En esos momentos pensaba solamente en que mientras lavaba pañales para mi hijo, con amor, yo podía permitirme soñar.

Muchos años después, un libro me sopló la conveniencia de seguir los caminos o sueños del Espíritu porque ellos nos producían una verdadera satisfacción. Algunas veces son diferentes a los de la mente porque estos últimos podrían estar influenciados por otros factores. Me pregunté de inmediato el modo de reconocerlos, inquietud que el mismo libro, párrafos después, aclararía. Dichos caminos o sueños se reconocerían porque esa actividad hacía «cantar el corazón». Recordé la historia de mis inicios laborales, probablemente yo buscaba algo así, pero no hubiera podido explicarlo en esos momentos con ese grado de conciencia.

Una tarde de sol ondeante, con la prisa del mediodía, me presenté a una entrevista. El anuncio había sido publicado en uno de los periódicos locales que el padre de Gabriel leyó. Pulsé el botón del ascensor del tercer piso y me encontré en un vestíbulo lleno de gente, en concreto hombres que me doblaban la edad. La recepcionista hacía lo que podía para organizar las entrevistas. Se entabló en mi interior una batalla entre la vacilación y la esperanza. Debía regresar a trabajar; mi jefe no era precisamente una persona de buen humor y yo estaba en mi hora del almuerzo. Mi mente anticipó unos ojos saltones y penetrantes, debajo de unas gafas de grueso espesor, que me mirarían con furia desde detrás del escritorio que se hallaba en la oficina principal de la sucursal del banco. También pensé en la sanción económica que descontarían de mi cheque al final del mes, lo que me haría lamentar la demora en aquella entrevista. No quería llamar para no ponerme en evidencia. Primero pensé: «Qué voy a decir», luego supuse que la conversación no iba a ser armónica y que quizás provocaría un quiebre en la concentración que requería en ese momento. La esperanza resultó poseer un temple más firme que la duda y, literalmente, no me dejó salir de allí. Me acerqué a la recepcionista, con toda modestia, y en un tono casi sin sonido le expliqué la situación.

—Veré qué puedo hacer –dijo con extrema discreción.

En una de las paredes colgaba un reloj, haciendo tintinear implacablemente cada segundo de la hora que esperé, en algunos momentos parecía sincronizarse con los latidos de mi corazón haciendo que los sintiera con mayor intensidad. La recepcionista desapareció por la puerta que estaba detrás de su silla, regresó y abrió una grande de vidrio, casi al final del pasillo. Me permitió entrar indicándome el camino. Un hombre pequeño, con gafas de carey negro y sentado en un sillón de cuero de respaldo alto, detrás de un gran escritorio, levantó la mirada, ante mi cauta sonrisa, también cautamente sonrió. Aquélla no era una oficina ultramoderna con sillas ergonómicas como las de ahora, pero sí era un despacho muy elegante de estilo clásico. Si no se estaba despabilado, amilanaba. Entré con paso firme, con digno orgullo, pero sin viso de arrogancia, porque para mí el trabajo era una digna responsabilidad para conmigo misma, y si soy sincera, también porque no había manera de que la intimidación me cogiese por sorpresa, la esperanza permanecía a mi lado con actitud erguida, dado el momento, susurrándome al oído: «Es solamente una entrevista, tú puedes, piensa en los veintiséis mil millones de años de evolución del planeta y de la conciencia». Cuando fui a otro salón para llenar algunos formularios y desarrollar algunas complejas pruebas me hice el razonable reclamo: «¡Justo en ese momento se te ocurre hablarme de la evolución del planeta! Desatinada, hubieras podido escoger otro ejemplo para minimizar el momento intrincado», le dije a la esperanza que todavía estaba dispuesta a mantenerse firme en mi cabeza, mis labios sonrieron apenas por los nervios. Irrisorio o no, había funcionado, salí airosa de la entrevista, al menos de la primera. Ya en la segunda, con dos ejecutivos a cargo y con sus ojos deslizándose y volviendo a deslizarse por las respuestas anotadas en los formularios que rellené, no sólo pensé en la evolución del planeta y de la conciencia, sino de la galaxia entera.

Benjamín, quien realizó la primera entrevista, era el director general de varias de las empresas del grupo. Sería para mí, a mis veintiún años, al inicio de mi carrera, un verdadero ángel de piel, con gafas y cabello algo canoso. Fue mi maestro y mi mentor. Él y el dueño de ese consorcio resultaron para mí una bendición. Benjamín me instruyó sobre qué leer, sobre cómo calcular costos. Me facilitaba libros de marketing, que para entonces se estaban haciendo más populares, y otros de administración. Me mostraba fascinada por el hecho de aprender y cumplir mi compromiso de capacitarme a fin de compensar mi falta de estudios superiores. Las inquietas manos de un amoroso niño, que requerían de mis cuidados, no me permitieron estudiar formalmente hasta que crecieron un poco. Dispuesta a hacer mi mejor labor, con mi mejor actitud y un jubiloso entusiasmo, emprendí ese primer recorrido. ¡Estaba feliz! Me habían dado una oportunidad a mis jóvenes años, lo cual a diferencia de hoy, en aquella época constituía una restricción para puestos ejecutivos. No la desperdiciaría. La empresa poseía la representación para el país de varias de las marcas de perfumería y cosméticos más prestigiosas del mundo. Yo asumí la posición de gerente de Marca –que incluía ventas y mercadeo– a nivel nacional de varias de ellas. Me capacité arduamente, fui autodidacta, y aunque el estudiar no representó un gran esfuerzo porque el querer hacer las «cosas bien» ayudaba, el hecho de compaginar mis deseos de superación con la vida familiar me resultaría bastante más exigente. Cuando echo la vista atrás, ante tales recuerdos, sonrío porque veo que era una joven con debilidades que pudieron haberse convertido en impedimentos importantes en ese momento para alcanzar lo anhelado, al considerar la falta de estudios formales o de experiencia, las responsabilidades familiares, pero también sé que disponía de una enorme voluntad y un gran entusiasmo producto de la inspiración de permitirme soñar. Ahí está la clave –pienso ahora– si es que existe alguna.

Esa amalgama logró pasar por encima de la ley de probabilidad, sortear mis debilidades, no permitir que me limitaran y alcanzar mi sueño. Las debilidades no son una limitante. La mayoría de personas que han conseguido los suyos no se han permitido entrar en la trampa de las leyes de probabilidad, consistiéndose creer que «todo es posible». Compensé mi visible juventud vistiéndome y actuando muy formalmente y recogiendo mi cabello en un moño con la idea de parecer algo mayor, lo cual evidentemente no conseguía.

Las responsabilidades familiares exigieron que desarrollara un plan y un camino estratégicos que en ese momento no se veía como tal, una rara mezcla entre la coordinación de un maestro de orquesta, pasando por la precisión de un controlador de tráfico aéreo, dando vuelta por el sendero de organizadora de eventos y administradora, continuando por el camino de enfermera y, finalmente, por la disciplina de un deportista, para que todo armonizara con los roles que desempeñaba y no descuidar la vida del hogar. Afortunadamente, conté con el apoyo de mi pareja y mi hijo. Asistí a varios cursos dentro y fuera de Ecuador, hice viajes cortos por varios lugares: Estados Unidos, Latinoamérica y Europa. Llegaba a hoteles llenos de lujo y glamour. Anfitriones muy profesionales de gran hospitalidad me recibían. Aprendí y aprendí. Yo no imaginaba que existía el Mundo de lo Posible, sin siquiera tener conciencia de que podía dejar que mis deseos se guiasen por aquello que hacía «cantar mi corazón», había logrado entrar…, allí estaban mis sueños haciéndose realidad.

Más adelante vería ese mundo de las múltiples posibilidades con mayor propiedad, también lo vería como un gran reto que me inducía a permanecer allí si quería conseguir conservar la vida.

Capítulo 4

PERSEVERAR CONSERVÁNDO LA PAZ

En ese proceso de ir entendiendo mejor la vida, lo que un día me llevaría al sendero del caminante, una tarde de febrero, Carola y yo dábamos un paseo por la ciudad. Cuenca brindaba confort para caminar. Recorrimos las callejuelas empedradas del centro, bajamos por una larga escalinata que conecta la parte superior con la planicie baja donde está su zona más moderna. Continuamos por una callejuela que recorre los bordes del río Tomebamba, uno de los ríos que la atraviesa, con celo resguarda alrededor de ciento veinte bellas estructuras arquitectónicas protegidas como patrimonio de la localidad. Transitamos rodeadas de la sedante tranquilidad de la voz de un río en ese momento sereno, del baileteo de las hojas de los árboles que cedían a los susurros del flirteo de un viento delicado, pasamos por debajo del Puente Roto, un puente hecho de piedra y de dovelas de mármol, llamado así porque en su ímpetu el río con brazos vigorosos le arrancó parte de su estructura en 1950 convirtiéndolo en un pintoresco mirador. Eran buenos los paseos, no sólo por la espontánea belleza del lugar sino porque en aquella época no había muchos lugares a dónde ir. Hoy, la ciudad está llena de pintorescos cafés y restaurantes. Carola era un alma peculiar, con una capacidad de ironía admirable, tan graciosa, tan ágil de mente que sus comentarios no eran burlones y, por tanto, nadie se ofendía. Su hermosa cabellera con unos rizos delicados enmarcaba una mirada alegre que le venía muy bien a esos chispazos de ironía que ella solía manejar con prudencia. A pesar de su empeño en el recato, su innata soltura y espontaneidad causaba algún que otro aprieto, no a ella sino a los demás. Resultaba imposible hasta en los momentos más solemnes o sobrios evitar que Carola incitara a la risa de todos los oyentes. Con nuestras diferencias de personalidad, a nuestros veintitrés años, ambas, nos vimos involucradas en uno de los escándalos que sucedieron en esos días. Habíamos protagonizado dos de los casi inexistentes divorcios de la ciudad. Una etapa difícil para mis jóvenes años.

—Si cuando no te casaste por la iglesia, tu familia tuvo esa reacción, con esta noticia los volverás a ver cuando seas abuela –dijo Carola medio en broma medio en serio.

Yo sonreí levemente alzando las cejas. Qué podía hacer sino continuar con paso firme. En esos momentos otro ser dependía de mí.

No fue así. En mi padre y en Ángela anidaba la confusión, mas esta vez, en contra de todo precepto o mensaje de la sociedad, mi padre venció al temido «que dirán» y no emitió una dura censura. Había madurado. Con la tentativa de transformar ese tiempo escarpado en algo un poco más agradable, Carola, nuestros hijos y yo nos hicimos compañía durante las noches del viernes, en las que el latir del corazón de una guitarra acompañaba nuestras voces. Carola cantaba y yo hacía mi mejor intento. Varias veces elevé un justo reclamo a la vida por no haberme dado esos encantos: ni voz ni talento para tocar un instrumento, pero siempre le agradecí la presencia de la música, de músicos e intérpretes, porque nada sería igual sin ellos. Aunque me parecía una exageración de Nietzsche decir que sin música la vida sería un error, coincidía con Franz Liszt que con ella todo es hermoso. Ignoro cómo nuestros hijos no desarrollaron el gusto por tal actividad que vivieron y que velaba sus sueños esos días, durante el último año que me quedé en la ciudad antes de mudarme.

A pesar del incentivo musical, de disponer de un excelente trabajo, necesitaba cambiar porque intuía que el ambiente de la sociedad de aquel momento no iba a resultar de lo más amigable para un niño cuyos padres se habían divorciado. Quería otorgarle a mi hijo el cuidado de crecer en un ambiente un poco más abierto, para permitirle un más holgado criterio de su situación familiar.

Esa tarde de brisa ligera, durante la caminata, casi jugando, le dije a Carola con toda convicción que me mudaría en un año a la capital. Más tarde, estuve segura de que no fue solamente un comentario, sino una elección cargada de tanta certeza que puso en marcha los acontecimientos. Ella contestó: «¡Claro! como ya lo dices, un ejército de ángeles se pondrá a trabajar para concederte tus deseos», porque Carola en esos momentos se asombraba de cómo se iban dando sincrónicamente las situaciones para ayudar a una joven novata en el arte de cultivar la firme convicción de soñar. Yo atribuía tal ayuda a una certeza inspiradora mezclada con ausencia de prejuicios. Años después, tanto Carola como yo, entenderíamos que ese proceso de sincronía como respuesta universal a los anhelos está disponible para toda vida. Hay «un ejército de ángeles» para provocar y ayudar a conseguir nuestros sueños del corazón. Lo que algunas veces dificulta esta manifestación de lo invisible a lo visible son las percepciones que tenemos de nosotros mismos o de nuestro entorno, de lo que es o no factible, las creencias arraigadas en el subconsciente, del imaginario colectivo o de otros, aceptadas como verdades, o porque la voz de otro ser que no se permite soñar nos dice que aquello no es posible. Aunque ninguna de las dos éramos ilusas para soñar que podríamos ser astronautas sin ningún acondicionamiento, entendimos que los límites imaginarios de la mente para aceptar que tan grandes pueden ser nuestros sueños es quizás el obstáculo más importante que deberíamos sortear, porque el mundo de lo posible es tan vasto que resulta impredecible hasta para el soñador más osado de la historia.

Con esta convicción, ella también logró sus metas. Cuando mi mente se permitía un pequeño gusto gastándome una broma, diciéndome: «¿Será esto posible?», yo le contestaba: «Si no me crees, recuerda a Tesla, Edison o Pasteur, si ellos lograron semejantes desenlaces producto de su capacidad para soñar e imaginar, y sobre todo de la decisión de concretar sus sueños, todo lo demás resulta posible.

Apliqué sin obtener resultados positivos a varios empleos en la capital, como ya tenía una buena posición para mi edad, y pretendía avanzar y no retroceder, tal empresa no resultaba fácil. Seguía trabajando en Cuenca con el mismo buen ánimo. Si en algún momento el desaliento quería sorprenderme, una frase de la primera hoja de mi agenda lo alejaba: «Un obstáculo es aquello que miras cuando tu corazón se aparta de su meta». También leía con prolijidad biografías de personas prominentes, de tiempos antiguos y presentes que estimulaban mi optimismo y mi perseverancia, y aún lo hacen. En ellas varios «no» no detuvieron a sus protagonistas. Hoy, al mirar en retrospectiva su vida, nos parece que esas hazañas están reservadas para una élite de privilegiados, sin tomar en consideración toda la inspiración que debió haberlos motivado, todos los momentos de inútil desasosiego que debieron haber enfrentado, todas las ocasiones en las que sintieron, sin duda, que una derrota era inevitable, aun cuando fuera momentánea. Algunas veces cuesta entender que esos seres eran o son soñadores, dispuestos a desafiar los paradigmas mentales y a hacer uso de una buena dosis de tenacidad, para conseguir saborear el gusto de su victoria, en ocasiones, sin siquiera concebir que los resultados serían más satisfactorios de lo que su mente pudo imaginar, sin advertir, quizás, la forma significativa en que su sueño beneficiaría al mundo.

Los meses fueron pasando y no lograba encontrar el trabajo adecuado que me permitiría la mudanza. A un pequeño desencanto se le antojó jugar conmigo. La sensación de incomodidad entreabrió la puerta a la duda. La duda tiene argucias, gusta de vagar luciendo inofensiva, llegado el momento, envuelve al entusiasmo, lo confunde tildándolo de iluso, provocando, finalmente, que tantos sueños queden en el olvido. Un par de días de incomodidad me hicieron meditar en que un anhelo no debe deparar desazón. Le puse un alto a mi mente y en aquel momento de forma incipiente inicié una práctica que sería de gran ayuda en mi vida: el hecho de mantener el cerebro ordenadamente atento a mis sanas pretensiones, sin angustia. Con firme decisión de perseverar, miré la frase de la primera hoja de mi agenda, que me había ayudado a no darle demasiada importancia a los obstáculos. Empujé a la duda hacia la puerta dejándola afuera. Ya sin ella murmurando al oído, acuñé una frase y la anoté en una pequeña hoja de papel que colgué frente a mí en una pequeña pizarra de corcho, que se hallaba a un lado de mi oficina, donde se situaban las cosas de importancia pendientes: «Permite que la vida te sorprenda, lo haces cuando te permites soñar, sin que un sueño te quite tu paz». La leí muchas veces sintiendo alegría y no premura, para no permitir que la espera me desgastara y me distrajera de realizar la actividad presente con buena voluntad y entusiasmo. Varios años después, me vi repitiéndola a unos cuantos jóvenes porque el mundo fue cambiando y la exigencia por los éxitos resultaba en una fuerte presión, la sociedad seguía impulsando la competencia y eso, añadido a las crisis financieras, estaba causando mucha frustración en las personas, los sueños se convertían en metas con tiempo y plazo límites, en muchos casos los jóvenes sentían que perdían la oportunidad.

Yo me aferraba y me aferro a la idea de no ser parte de la frustración del mundo, sino de su armonía. Prestando atención a que los prejuicios propios o de otros no sabotearan mis sueños, decidí mantener mis perspectivas siempre amplias y cuidar de que, aun cuando en adelante pudiera conocer mucho más de la vida y de diversos temas, este conocimiento no limitara mis concepciones de lo que podría ser factible. El conocimiento está para ampliar la mente, pero algunas veces le produce estrechez. La mayor parte de erudición de la que disponemos es momentánea, a pesar de que hayamos avanzado de manera insospechada en el saber.

Quién hubiera creído que la elección de mantener mi mente abierta a nuevos conocimientos me hubiera sido de tanta utilidad más adelante en momentos muy difíciles en el transcurso de mi camino, pero también al mayor y mejor encuentro que podía tener, la comunicación con mi Maestro Interior.

La perseverancia y la inspiración lograron el objetivo como debe ser, sin desgaste. Justamente, un año después de aquella tarde de febrero, me mudé a Quito, feliz y esperanzada para desempeñar la posición de directora de Marketing y Ventas de dos países: Ecuador y Bolivia, en un consorcio norteamericano. El giro de negocio eran las tiendas libres de impuestos en los aeropuertos. Aunque el entusiasmo era grande, esta vez el desafío resultó un poco engorroso, a pesar de estar acostumbrada a viajar, los viajes en mi antiguo trabajo habían sido bastante espaciados. Uno o los dos viajes al mes a Bolivia que debía hacer durante los primeros meses no resultaron fáciles aun siendo cortos. Algunas veces Ángela viajaba a la capital para quedarse con Gabriel, en otras ocasiones, mi amiga Victoria se mudaba a mi apartamento durante esos días y se encargaba de cuidarlo, conjuntamente con la niñera. Su personalidad risueña y tierna hacía que sintiera especial atracción por los niños.

A pesar de mi alegría por los logros, poco a poco fui desarrollando un inútil y brumoso sentimiento de culpa, de esos que manifiestan también innecesariamente algunas madres que trabajan por sentir impropios los anhelos de éxito profesional siendo madres de hijos pequeños –aunque sabía que Gabriel y yo dependíamos únicamente de mis ingresos financieros–, seis meses después, mis responsabilidades profesionales cambiaron, me otorgaron un ascenso. Asumiría la posición de gerente general de la empresa en Ecuador, y de otra empresa del mismo consorcio, dedicada al servicio de *duty free* para el cuerpo diplomático acreditado en el país. Durante mi desempeño en ese trabajo, conocí a Viviana. Acepté la nueva posición maravillada, los viajes se reducirían considerablemente. Poco importó al momento el aumento de ingresos o qué diría mi tarjeta de presentación.

Luego de un tiempo, compré un departamento en un sexto piso en un atractivo edificio en una linda zona de la ciudad. Un agradable jardín bordeaba el edificio de paredes de ladrillo visto, tras unas amplias puertas, se encontraba el vestíbulo. En macetas de color escarlata que completaban la gracia de la decoración, unos jóvenes jazmineros despedían un sedante aroma y acicalaban la esquina diagonal a los ascensores. Gabriel y yo nos mudamos con toda la ilusión. A pesar de tener tanto para disfrutar: un niño hermoso que crecía y correteaba sin parar, al que le gustaba bailar igual que a mí; éxito laboral, un departamento nuevo en un atractivo barrio de Quito y una vida cómoda, por mucho que para mí fuera un reto compaginar todas aquellas actividades, en el fondo de mi corazón algo pasaba, algo que no lograba comprender. Algo iba mal. Varios pensamientos decidieron arremolinarse. Una serie de preguntas aparecieron con ímpetu y arbitrariedad:

¿Para qué estamos aquí? ¿Qué hacemos en esta tierra? ¿Todo lo que vivimos es un mero azar del destino, una broma del Universo? ¿Por qué existen tan dispersos y extremos caminos de vida? Como no permitía que algo que no me era posible comprender en un determinado momento me desequilibrara, tenía esas preguntas frente a mí esperando respuestas. Continuaba haciendo lo que tenía que hacer, sin ceder a una decepción, a ésa sí, no habría que brindarle ninguna confianza, quizás resulte inevitable alguna vez una visita momentánea, pero que sea con despedida inmediata, mejor si es instantánea, porque si pretende ser un huésped habitual tiene muy malas costumbres, la decepción empuja con desaire a las habilidades de reacciones sabias.

A pesar de esa crisis existencial, lograba de alguna manera sortear los pensamientos para enfocarme en las arduas responsabilidades del momento. Los coches, los aviones, las pinturas, los marcadores, los cuentos y toda clase de juguetes eran los acompañantes de Gabriel en las ocasiones que debía trabajar durante el fin de semana. Gabriel era escrupuloso con el reloj, los tiempos pactados en el acuerdo eran cumplidos con rigor: una hora de juego con él, en la alfombra de la sala de conferencias, y otra de trabajo, en la que él jugaba solo. Seguía tratando de entender lo que pasaba en mi interior. Gabriel crecía, yo me esforzaba mucho para conjugarlo todo, para no perderme su niñez, para que me sintiera presente. Participaba en actividades escolares, preparé muchos disfraces y organicé muchas fiestas de pijamas. Las celebraciones del día del niño o del día de la amistad eran muy comunes. Utilicé el mismo método que mi padre había usado para enseñarme el hábito de la lectura. Me sorprendí porque ni siquiera me hizo falta usar el chocolate como retribución a su entusiasmo, quizás debido a que empecé a leerle cuando era un bebé. El verlo agitar con emoción sus pequeños brazos y el oírlo gorjear al escuchar el cuento tachonaba mi corazón de valor. Era como el combustible para el motor que yo requería con el objeto de lograr salir de aquella difícil situación inicial. Hoy es un excelente lector, y al igual que yo con él, es el mayor y entusiasmado promotor de mis sueños.

Un episodio de la infancia de Gabriel se alojó en un lugar especial del corazón. Esa mañana, un sol introvertido entraba y salía del cielo de Quito con toda la comodidad, su resplandor por momentos salpicaba de mayor brillo las togas azules de los niños. Lucían impecables. Una pequeña de cabello liso, muy menuda de amplio vestido blanco, recorría la plataforma en donde se ubicaban los niños y entregaba a cada uno una hermosa rosa roja, antes de que recibieran su birrete, también azul. Él se paraba en la primera fila, la niña le dio la flor. Sus ojos inquietos y centelleantes me miraron, la rosa en sus manos, recibió espontáneamente un cálido beso, y luego me la ofreció desde ese escenario. Todos los asistentes, yo incluida, emitimos una sonora exclamación «¡Ahhhh!». Un pote muy grande de miel se derramó desde mi interior. Gabriel era un niño de ojos alegres, de incansable actividad, de manitas traviesas y de grandes sonrisas. Esa mañana clara se graduaba del *kindergarten*.

Algunas veces me sentía caminando con prisa por un sendero escarpado, otras parecía estar en un tobogán y varias veces sentía mi interior aún atado. Quizá en esas situaciones se encuentra consuelo en esa Energía Suprema, pero no se puede sentir su verdadera magnificencia, esa que produce un sentimiento que inunda el alma, que nos hace sentir parte integral del Universo, que quema el interior hasta el grado de provocar el sublime deseo de decir, con los brazos abiertos y con toda la humildad: «Esta felicidad que me llena no puede ser sino algo Supremo, ¿Dios?». Esa magnificencia se siente cuando se encuentra la alegría del alma y yo, en esos momentos, no la tenía. Conforme la promesa que yace detrás de todo camino de despertar de toda vida a una verdad superior, llegarían momentos en que esa llama algunas veces rebasaría los límites de mi ser corpóreo, inundándolo de alegría y de éxtasis, permitiéndome saber lo que es llorar de éxtasis y gratitud simplemente por vivir.

Pero en esos momentos, ni éxtasis ni llanto de alegría, en ese lapso los anteojos de la culpa me habían nublado y ese sentimiento me invadió haciéndome sentirla con cierto rigor, por tener que trabajar durante los primeros años de mi hijo, o como ya he comentado antes, por todo lo que no hiciera, en mi opinión, de forma perfecta o por lo menos muy bien en función de mis altas exigencias. Ciertamente, esas autoexigencias me ayudaron significativamente en el campo profesional, haciéndome sentir satisfecha por lo alcanzado, pero resultaba obvio que requería retirar esas infructuosas voces de culpa que algunas veces invaden nuestra condición humana, para albergar una interpretación diferente de la realidad, y darle el reconocimiento a todo lo hermoso que se despliega alrededor en su justa medida. Inicié ese proceso por mí misma, buscando experimentar una vida con mayor libertad y paz interna, sin siquiera saber que ello me preparaba para vivir el amor de una distinta manera.

CAPÍTULO 5

AGRADECER LA VIDA

Todavía no era momento de tiempos sabáticos, sino de enfrentar un pequeño pulimento, pequeño para el cosmos y el Espíritu, muy grande para un ser humano.

Aquel evento social era el primero al que asistiría luego de un año de enfrentar un durísimo desafío. El imparable tobogán ejecutivo en el que me había subido fue detenido por ese sorpresivo y sombrío acontecimiento. Aquélla era una noche de celebración para una de las aerolíneas que operaba en el aeropuerto. Una brisa apenas traviesa jugueteaba en el ambiente. Divisé el largo pasillo que conducía al hangar de mantenimiento, supuse que en su interior se exhibiría el nuevo avión. El pasadizo había sido concebido con creatividad y bellamente decorado con luces y tules blancos para dar la apariencia de que entraríamos a otra dimensión. Yo llevaba el cabello liso y suelto, apenas con unos rizos en las puntas, unos pendientes largos y brillantes de color plata y una pulsera fina en la mano derecha que hacía juego con los pendientes. Lucía unas sandalias de tacones altos de colores blanco y negro, y un vestido negro, con un delicado bordado blanco bajo el pecho, que lo ceñía a mi cintura. Caminé firme pero serenamente por el pasadizo, al entrar al escenario saludé a varios ejecutivos de la aerolínea, sobrecargos y tripulantes encargados de dar la bienvenida y observé el avión, un Boing majestuoso y gigante. La aeronave esperaba sin prisa la llegada de mil invitados para recibir la bendición que augurara muchas seguras y confortables horas de vuelo. Por la pista de aterrizaje, se colaba como parte de la escenografía un cielo salpicado de estrellas. Desde la alta cubierta, que debido a un efecto tecnológico y lumínico hacía parecer cielo estrellado y que daba continuidad al del exterior, seis artistas de la acrobacia con ceñidos atuendos blancos realizaban un exótico baile aéreo, colgando de larguísimas telas de color blanco, al más estilo Cirque du Soleil.

Los cinco años transcurridos como directora general de empresa, teniendo a mi cargo tres compañías en dos ciudades diferentes dentro del consorcio y afortunadamente en Ecuador, lo que me permitía, para realizar los viajes de rutina, volar por la mañana y regresar cómodamente a casa al anochecer para jugar con Gabriel, me habían regalado una valiosa experiencia. Durante ese trayecto, mi alma estaba llena de entusiasmo. Había superado la intermitente crisis existencial y tenía los días tan ocupados que no podía pensar en otra cosa que no fueran las responsabilidades. Esa suerte de inercia me permitía deslizarme por el tobogán de obligaciones sin mucho miramiento, una especie de tranquilidad forzada que, aunque apenas ilusoria, ayudaba.

En un determinado momento en el que las sincronías se evidenciaron, varios pensamientos se arremolinaron en mi mente, trayendo con creatividad agradables brisas de cambio. Dichos pensamientos estaban destinados a disuadirme de hacer uso de una actitud cuya naturaleza en varios momentos de la vida resulta imprescindible para todos: el aplomo; para decidir fundar mi propia empresa.

Recuerdos de cierta dulzura invadieron mi mente. Durante una de las últimas clases en el colegio, una maestra quiso saber a qué nos dedicaríamos tras la graduación. Las respuestas fueron diversas. La mía fue una mezcla incompatible producto de la distracción por la charla con la compañera de al lado, confiada en que aún no era mi turno. La distracción ocasionó que la maestra, algo molesta por la algarabía, me tomara de sorpresa anticipando mi exposición. Con esa candorosa dignidad propia del adolescente expliqué que iba a ser voluntaria en una organización humanitaria o empresaria o escritora. ¿Cómo podrían resultar esas dos primeras actividades compatibles? Como te puedes imaginar, tras la contestación, me quedé pensando, decidiendo finalmente que a los negocios me dedicaría después de haber pasado unos años en África, cuando tuviera cuarenta y, para la de escritora no establecí tiempo, pero la idea me causaba una sonrisa en el alma.

La primera actividad estaba ya planeada, no contaba con que la vida no había asistido a la reunión de planificación. Así que el camino tomó otro rumbo. Lo primero no se produjo y el momento de la empresaria llegó a los veintinueve años.

Analicé el mercado, varios posibles emprendimientos, evalué rentabilidades y proyecciones, y de pronto surgió una idea. El arte de la ciudad en donde nací siempre había cautivado mi mirada. Por aquella época, los productos artesanales del país, maravillosamente acabados, se exhibían en pintorescos pueblecitos o en ciudades pequeñas. Verdaderas obras de arte, sin recibir mayor atención. Qué mejor lugar para mostrarlos que el aeropuerto –pensé–. En ese entonces, no había una tienda similar con el encanto con el que yo la había imaginado en mi mente.

Eduardo, arquitecto de profesión y pintor de corazón, le puso pinceladas de diseño al proyecto de su amiga a quien conocía algunos años atrás. Varias noches de luna creciente, llena y decreciente me acompañaron en su desarrollo, como suele pasar con los proyectos, algunas veces esa luna se expresaba con bocanadas de entusiasmo, otras susurrándome con suaves sonidos de confianza, diciéndome que, a pesar de que conseguir un espacio en un aeropuerto resulta casi imposible, yo lo haría; otras ocasiones, nunca con excesiva duda parecía decirme: «¿Será que vas a dejarte amilanar?». Con batalla mental o no, no me dejé intimidar, seleccioné los productos a ofrecer y estructuré el proyecto. Un par de meses más tarde, una noche al regresar a casa, mientras me preparaba un té en la cocina, la luna se coló por la ventana, con un tono renovado de blanco argentado que inundaba su rostro, resplandeciente, regalándome un guiño se complació de mi sonrisa. Había finalizado el proyecto y había hecho la presentación a quien se convertiría para mí en otro ángel de piel: el jefe del aeropuerto. Le encantó el planteamiento. Sólo había un problema de logística, «no tan pequeño», diría el arquitecto a cargo: había que derrocar una pared en la sala de tránsito internacional. Con los estudios de rigor, el Departamento de Logística aprobó la factibilidad. Dispuesta a sacar adelante este plan, renuncié a mi empleo. Un día de mayo abrió la que era, en aquel momento, la tienda más bonita del lugar. Bromeé con el jefe del aeropuerto sobre la decisión acertada, porque definitivamente lucía mejor que la pared. Al principio, todo era inversión. Se requirió un poco de austeridad. Esto sería, en buena hora, por muy escaso tiempo. Recuperé la inversión en corto plazo. El proyecto resultó todo un éxito comercial y aportó mucho a la imagen del aeropuerto y a las maravillosas manos que moldeaban la cerámica, las bellas esculturas de diferentes materiales, a aquellas que bordaban chales hermosos, que tallaban madera con detalle impecable, que lograban piezas espléndidas en plata y piedras semipreciosas, tanta fue la aceptación de los productos y de la visión para exhibirlos, que casi de inmediato abrí una segunda tienda en otra área dentro del mismo aeropuerto para atender a los pasajeros que esperaban abordar los vuelos en otras salas de embarque.

«No hay poder que se le oponga al saber qué quiero, unido a la certeza con ausencia de prejuicios y la gratitud», me decía a mí misma.

Afrontando una nueva disputa con la mente, y contando con algo más de tiempo, tomé la decisión de cursar estudios superiores. Debido a las responsabilidades laborales y para no perjudicar el tiempo de disfrute con Gabriel, la madrugada se volvió aplicada y me acompañó asiduamente. Si antes el tobogán era rápido, en ese trayecto, era rapidísimo. Difícil, pero no imposible. Al terminarlos, me costó mucho convencer a mi reloj biológico que la hora prudente para dormir no era las dos de la mañana, mientras éste se tomaba en serio mi observación y hasta justa protesta, y se le ocurría dejarme conciliar el sueño más temprano, escuchaba los no tan agradables tañidos del reloj que reposaba en mi mesita de noche, devoraba libros con una suave música de fondo o veía películas.

Poco tiempo después nacería la idea y oportunidad de un posible crecimiento de la compañía. Las sincronías hicieron su aparición con una magia asombrosa. La compañía añadió un nuevo giro de negocio por vías que yo ni siquiera imaginaba dentro de las instalaciones del mismo aeropuerto, y logré un considerable crecimiento, varias aerolíneas se convirtieron en mis clientes.

Con aquel crecimiento y la mejora aún más significativa de la situación económica, valoré con conciencia esa costumbre que me había acompañado desde edades tempranas, la de dar las gracias por lo obtenido por mí y a alegrarme sinceramente del bien ajeno, de la prosperidad o fortuna de los demás, en cualquier ámbito, aun cuando la situación propia fuese complicada –porque ello puede cambiar, conforme vamos encontrando los aprendizajes ocultos detrás de ese velo de dificultad–. Con el curso de todos esos eventos en mi vida profesional, en verdad, me sentía feliz, pero aún mi felicidad dependía del exterior, de que todo saliera bien y no de mi interior; y, ese encuentro con esa felicidad interna es uno de los más nobles y generosos caminos que podemos obsequiarnos, algunas veces hacemos uso de ciertas crisis para llevarnos allí, otras sólo es conciencia, yo lamentablemente hice uso de la primera en esa etapa de la vida.

Mis ojos miraron el capricho del clima. Por la mañana, había un sol radiante y entrando la tarde, un cielo anubarrado mostraba brochazos de gris, una ventisca de regular carácter traía murmullos de lluvia. Mi oficina se encontraba en un quinto piso, en una zona comercial cerca del estadio de fútbol y frente al gran parque La Carolina –que oxigena la ciudad– que se extiende a lo largo de varias calles y ocupa una parte de la zona plana, en medio de las dos montañas que cobijan la capital. La vista de mi oficina era hermosa, desde ella se observaba una buena parte de la ciudad. Los muebles eran de madera clara, de estilo moderno, y tanto el mobiliario como la alfombra combinaban con tonos en contraste de gris azulado.

La ventisca iba desarrollando con solidez su carácter, y el cielo decidió comunicar sus intenciones con sonidos estridentes. Me dirigí hasta la planta baja del edificio, para esperar a Beatriz, en la amplia acera de la avenida Naciones Unidas, que queda al pie de uno de los lados del parque. No la había visto durante los últimos meses, debido a que había acompañado a su esposo a un largo viaje. Ella era elocuente y vivaz, resultaba fácil ser su amiga porque era encantadora. Su coche apareció y subí a en él agradeciendo que el gris del cielo no se convirtiera aún en lluvia. Me miró y le sorprendió mi imagen, mi aspecto le inquietó. A mí su actitud también me sorprendió. Ella se extrañó de mi delgadez. Yo había estado sintiéndome un poco desmejorada, lo atribuía a una dosis demasiado alta de levotiroxina (medicamento que se usa para tratar los problemas del tiroides).

Yo misma había pospuesto varias veces el examen de control para corregir la dosis, no me siento orgullosa de ello y lo declaro por si vas a reprocharme el descuido. Luego de la inquietud manifestada por Beatriz, acudí al médico. Al parecer todo estaba bien, pero yo seguía perdiendo peso, así que él me envió a otro especialista, un oncólogo.

Esa tarde, salí del hospital luego de recibir los resultados de los múltiples exámenes que se me practicaron con anterioridad y con el diagnóstico del médico que se mostró algo nervioso al dar la noticia a una paciente de treinta y tres años, con un hijo adolescente. Aquél era un edificio de seis pisos, la fachada estaba pintada de un gris claro y sus paredes interiores lucían un impecable color blanco. El consultorio se encontraba en el tercer piso. En la primera planta se ubicaba la farmacia, una tienda de gafas y una pequeña clínica de tratamientos estéticos al otro lado. Cuando acudí a la primera cita, el edificio me pareció muy normal y sin gracia como cualquier hospital, pero en esa ocasión lo percibí como algo atemorizante, como si de pronto se hubiera convertido en un espectro cuyos bramidos iban a perseguirme. No puedo recordar cómo pagué la consulta, ni cómo me despedí del médico ni de su secretaria cuando salí del consultorio, aun cuando lo he intentado. No recuerdo el momento en que me subí al ascensor ni cómo llegué al aparcamiento. Subí al coche. Parecía como si, debido a una rareza de la física, todas las imágenes se ralentizaran, caminaba derecha pero sentí como si estuviera dando los pasos mientras colgaba de un perchero. Los latidos del corazón a pesar del impacto no llegaban a ser jadeantes, quizás los pensamientos de todo tipo permanecían escondidos, asustados, todas las ideas se entremezclaban, se me confundían con las palabras del doctor: «Hay que empezar el tratamiento en Solca (Sociedad de Lucha contra el Cáncer)». Me había dado un diagnóstico, no una sentencia de muerte, sin embargo, mis pensamientos, lejos de ser positivos o realistas, eran dramáticos y hasta fatalistas ¿Con quién dejaría a mi hijo? Yo creía que él no podía continuar su vida sin mí. Tal vez, pensar así era arrogante, no lo sé. Ni siquiera había sido ésa mi experiencia, mas es difícil saber la reacción ante situaciones extremas.

Cubrió el ambiente una nube de confusión, cual barco sin rumbo, deambulé por las calles de Quito, conduciendo con cierta irresponsabilidad durante un par de horas, sin siquiera lograr un pensamiento coherente. Esa noche no dormí, apenas empezaba a conciliar el sueño, evocaba mi imagen luego de la quimioterapia; entraba en pánico y me despertaba de inmediato. Mi padre había sufrido un infarto y un derrame cerebral. Ángela y mis hermanos estaban destrozados. Lo impactante que pudiera resultar para ellos tal noticia suscitó en mí la elección del silencio. La falta de concentración me invadía, la situación empeoraba y seguía bajando de peso. La cobardía se estaba volviendo más fuerte que el valor y la decisión de iniciar el tratamiento no llegaba. Pensamientos arremolinados lograron que durante unos meses la inercia me hiciera compañía. Ya débil, arribó el verano. Quería evitar que Gabriel se percatara de mi deterioro y mi lamentable condición emocional. Con el corazón alborotado le envié de vacaciones a Cuenca con su padre y mi familia. Necesitaba tiempo para meditar, chirridos de confusión entorpecían mi discernimiento.

Mi peso era irrisorio. La duda violó el cerrojo, y me mostró su molesto rostro, su intervención manipuló mi mente. La quimioterapia me amedrentaba. El teléfono fue mi instrumento de trabajo durante esos dos meses. Mi imagen en el espejo era irreconocible, mis curvas de mujer latina habían desaparecido. En ese último mes, el insomnio progresó, dificultando aún más las cosas. Con cierta indolencia una desesperación ensordecedora se quedaba a mi lado, parecía en momentos que iba a consumirme. Varias veces fui asaltada por pensamientos arbitrarios que en algún momento llegaron a la temeridad, mostrándome la imagen de un edificio alto y yo lanzándome al vacío. Aún con dificultad, otros pensamientos más juiciosos decían: «¿Cómo se te ocurre, Eliza?». Recordaba mis años de colegio. Una de mis compañeras quinceañera se había lanzado desde un cuarto piso, su acto desesperado ocasionó un terrible impacto en su cuerpo, pero no murió. Aquella imagen me aterrorizaba más todavía. El miedo a lanzarme del séptimo piso –aunque me cueste un poco confesarlo ahora– no era tanto como el de conservar la vida en mal estado. En un arranque de impotencia, llamé a Rodolfo, un amigo psicólogo, por el cuadro que presentaba, él me dirigió a una colega psiquiatra. Nunca había sido depresiva, ignoraba por completo los síntomas de esa enfermedad. Se me diagnosticó una depresión mayor. Una pequeña píldora de sertralina se convirtió en parte de mi desayuno, no me agradaba, pero aquel tormento de mi mente, frente a esa dura realidad del momento, lamentablemente lo hizo necesario. Aunque dicen que esos fármacos producen muchos efectos colaterales, yo no los sentí, tal vez porque a esas alturas era consciente de que el proceso debía ser mucho más profundo y, paralelamente, decidí encargarme de mí misma más allá de esa medicina.

El amor a la vida no fue suficiente para impulsarme. Me hubiera gustado que lo fuera, porque ello revelaba que detrás de esa motivación yacía una conciencia mayor de lo que implica el existir. Hoy entiendo que también el partir es una elección del alma. El hecho de tener un hijo adolescente procuró el incentivo requerido. Me iba encontrando algo mejor, por lo menos ya no se me cruzaba en la cabeza la «idea del edificio alto», lo cual ya era un logro. Quería curarme. Un sentimiento para mí desconocido me saboteaba mostrándome imágenes poco alentadoras. Hay un miedo que lastima, porque no es producto de la autopreservación, oportuna en toda forma de vida, sino de la elucubración, en esos momentos, como debut y despedida

70

lo conocería. Los miedos de ese tipo enajenan el alma, pero hasta para ellos hay un antídoto: el amor.

Con la más absoluta ignorancia de mi ser, pero desde lo más profundo de mi interior, albergué la idea de curarme, un sentimiento esperanzador empezó a acompañarme. Decidí confrontar al miedo, en una especie de meditación porque hasta el momento no sabía a ciencia cierta qué era meditar. Al principio pensé que el miedo era un enorme dragón de siete cabezas, o al menos así se siente a veces. Le ordené salir de mí, con un tono de voz que no permitía el aliento suficiente y fluido, como para lograr que los sonidos fueran firmes y contundentes. No lo conseguí. La desesperación se alió y lancé un grito pidiéndole que saliera, que se fuera de mi interior. «Basta, fuera miedo». Tampoco conseguí nada. Seguí inmóvil sin saber qué hacer. Me levanté y luego me volví a sentar en el sillón y hundí el rostro en mis manos. En medio de ellas, mi voz en tono firme y sereno se dirigió al miedo y le dijo: «¡Basta ya! Eres engañoso, pero sólo eres un fantasma. No puedes hacerme daño, no te doy permiso». Cierta paz me invadió. Ante mi asombro, no apareció el dragón ni las siete cabezas. En su lugar, surgieron imágenes que representaban al miedo, una simbología que mi mente me regalaba: un ser temblando como un espagueti, detrás de él su duplicado que lo defendía. El duplicado era agresivo, astuto y, como lo había imaginado, engañoso. Y digo «engañoso» porque era capaz de producir pensamientos atemorizantes para supuestamente defenderme. Miré las dos imágenes y me quedé atónita. No sabía qué hacer con ellas. Por lo menos ya estaban identificadas y no escondidas en mi interior, estorbando mis pensamientos y haciéndome elucubrar cosas tenebrosas para manipular mis reacciones. Por el momento sólo podía experimentar las sensaciones del ser tembloroso, porque estaba debilitada, si no hubiera sido así, probablemente el agresivo hubiera hecho de las suyas, porque, conforme a mi investigación posterior, entendí que el miedo también produce agresividad. Las saqué de mi cabeza y puse esas imágenes al lado izquierdo para que no estorbaran mi paso, para que no me detuvieran, no sabía aún cómo hacerlas desaparecer. El haber confrontado esos miedos me procuró una gran sensación de valor.

Rehuir el miedo es lo que hace que crezca, al enfrentarlo se reduce. Mas ninguna de las dos versiones estaban chifladas, aunque equivocadas, y usando erradas herramientas, tenían nobles intenciones: protegerme.

No puedo recordar en qué momento empecé a ser consciente de ese diálogo interno sagrado al que podemos acceder pero que ignoramos, con el que no contactamos sino tan sólo en instantes a lo largo de una vida. No me refiero al diálogo proveniente del pensamiento que nos invade todo el tiempo dándonos opinión y juzgamiento de todo, me refiero a ese Ser sabio que está en nuestro interior, pero que pocas veces le damos importancia debido a que siempre estamos «ocupados», porque para escucharlo se requiere algo de silencio de la mente. Me senté durante meses cada mañana a conversar con mi interior. Cerraba los ojos y lentamente se iba produciendo un diálogo, una voz serena se pronunciaba. En aquel momento, parecía no tener opción: o era la quimioterapia, los médicos y la cirugía o esa voz interna. Opté por la voz. La voz decía: «Habla con tus células y diles que muestren la perfección de la creación». Empecé a hablarle a esa parte de mi cuerpo que se rebelaba y le pedía que se recuperara. «Envíale amor», decía mi interior, yo lo hacía. «Mira quién eres», decía la voz. Miraba el reflejo de mi imagen en el espejo, y por momentos parecía que la angustia se iba a adueñar de mí. Aquélla ya no era yo. A pesar de todo, iba entendiendo que todos tenemos la posibilidad de gozar de una dosis de sabiduría a la que podemos acceder con el poder de la intención, simplemente pidiéndolo, permitiéndonos el tiempo para ello, y llegué a esa conclusión a pesar de que disponía de cierta dosis de escepticismo, que cada vez iba reduciéndose. La voz continuaba diciendo: «Mira quién eres». Un día me enojé. No tenía ni fuerzas para enojarme, pero ahí estaba yo ¡enojada! «Mira quién eres», me decía. Yo respondía: «¿No me ves cómo estoy? No soy nada». «Aun en esa condición ni tú ni tu cuerpo son nada, mira quién eres», repetía la voz. En ese momento, no le presté atención. Seguía hablando con mis células: «Con todo mi amor, les pido que sanen, ustedes saben cómo hacerlo, recuerden lo que es la salud». La voz decía: «El cuerpo es sabio si tú lo permites, es tu intención en realidad lo que te sanará». «Regresa unos años atrás y mírate cuando estabas saludable. Siente tu cuerpo sano, siente cómo dispones de todas tus fuerzas, guarda esa imagen, llévala a la actualidad, actualiza tu salud, actualiza tu vigor, ¡recupérate!» –me decía con insistencia, al principio con desesperación, confusa por una niebla difusa que algunas veces no me dejaba ni pensar, luego con tranquilidad, más tarde con una incipiente distinta responsabilidad y amor por mí–. Les decía a mis células que registraran que no existe enfermedad, que lo único que existe es tu salud y la perfección de la creación. «Diles que recuerden lo que de verdad son. Diles que te das permiso para sanar» –decía la voz–. ¡Permiso para sanar!, me parecía tan extraña la idea. Claro que quería sanar y claro que, para mí, eso no necesitaba permiso. Años después, leí algunas hipótesis sobre el subconsciente, comprendí que desde ese espacio de la mente se puede creer una cosa distinta en relación a una enfermedad, comprendí que de forma inconsciente esa enfermedad nos resulta útil para algo. Yo decía: «Aun cuando yo crea que requiero esta enfermedad o que es adecuado tenerla por algún motivo consciente o inconsciente, yo decido y elijo sanar absolutamente mi cuerpo». En esos penosos momentos tanto para mí como para mi padre, entre brumas mi mente con generosidad me regalaba el recuerdo de su espíritu optimista, una frase que solía usar con frecuencia cuando alguno de sus hijos nos quejábamos de algún leve dolor: «La mente sobre la materia, dile que no te duela», decía con una sonrisa. Supongo que era su forma de contrarrestar para nosotros la importancia que Ángela le daba a las enfermedades. «¡Padre, eso estoy haciendo!», gritaba mi corazón.

—¿Quién soy? –pregunté un día cediendo a la insistencia.

—Esencia Divina, Sustancia Divina –contestó la Voz con firmeza.

Relatar con palabras todo lo que el proceso me costaba no sería posible, a fuerza de intentarlo lo hacía. Habían transcurrido siete meses y no se apreciaba mejoría alguna. Necesité pedir un favor. Cuando recién llegué a Quito, conocí a Roberto. Él era socio de una gran firma de consultores internacionales. Mi jefe, el dueño del consorcio, necesitaba un asesor financiero y tributario. Lo visité. Aquella mañana en la que lo conocí, tomé el ascensor de un edificio alto color plata tras dejar mi credencial en la recepción. En compañía de una taza de café en una sala de conferencias de regular tamaño, le estuve esperando. La decoración era muy sobria por lo que destacaba un cuadro de arte moderno que colgaba de la pared que yo tenía enfrente y que trataba de descifrar. Roberto era delgado, usaba lentes sin montura, su cabello marrón oscuro y sus ojos negros mostraban mucha formalidad. Esa primera vez que me atendió, aun manteniendo una fría actitud ejecutiva, causó en mí simpatía. Con el tiempo, se fue convirtiendo en una gran amistad. Durante todos esos años, había sido mi apoyo, mi amigo y mi asesor financiero, y cuando me encontré en apuros a causa de mi salud lo busqué. En casa, en compañía de un café al que él como siempre añadió demasiada azúcar, le solicité un favor especial en caso de que no pudiera llegar a sanar. La conversación fue conmovedora, él lloró y yo lo consolé. Al haber sido mi asesor, sabía bien del *know how* de la empresa, por tanto, era la persona indicada para cuidar los intereses de Gabriel; por supuesto, él accedió. Con su generosidad habitual me ofreció los recursos económicos para el tratamiento o la cirugía. Aunque no lo acepté, su bondad se quedó grabada en mí, al igual que el mismo ofrecimiento gentil y amoroso de mi hermano biológico David, que era el único de la familia que tuvo que afrontar la preocupación por mi enfermedad. No eran recursos monetarios precisamente lo que en ese momento me hacía falta.

Todo ello algunas veces me parecía tan inverosímil, que alborotados pensamientos me decían: «Ahora ya no sólo estás enferma, sino estás perdiendo el juicio». Mi mente respondía: «Entonces, la quimioterapia». Rápidamente, yo regresaba a dialogar con mi interior. Locura o no, iba a sanar. Hasta levantar un dedo me costaba. Cuando lograba ir a trabajar, al ver mi aspecto me preguntaban qué me pasaba, pregunta que recibía siempre como respuesta un «nada». No quería dar explicaciones, no quería ver rostros de asombro o dolor. Ya no me gustaba ir por la pista, que antes recorría con una sonrisa, porque aquél era un aeropuerto pequeño y tras tantos años de trabajar allí mucha gente me conocía. Yo no quería que nadie me mirara, ni yo misma.

En algún momento tuve un raro sentimiento. Me rendí en paz, sin pelea, sin control, ya sin dolor. Pensé que estaba dándome por vencida, no era así, no era ese tipo de rendición. Había soltado el control desde mi mente para dársela a una conciencia mayor. Me puse en manos de un tranquilo guardián, mi Ser Interior, aunque entonces no lo sabía con esa precisión. Eso no significaba que dejara de hacer lo posible para curarme, sino ¡ya no temer!

Un día cualquiera me desnudé para bañarme. Me había alejado totalmente de los espejos para no tener que contemplar mi deterioro, en una distracción de mi mente, miré mi figura. Estaba acostumbrada a que la ropa que había comprado a causa de la disminución de peso me quedara algo holgada, y no había notado que en el último mes había subido de peso. ¡Subido de peso! No lo podía creer, no era que hubiera recuperado mis curvas, pero algo más de carne cubría mis huesos. Un optimismo envolvente me invadió.

Desde mi interior escuché: «Celebra, ¡celebra!». Como no me había permitido asociar el hecho de superar un problema o una situación emocional difícil con alcohol, dulces o golosinas, porque entendía lo nocivo de tal asociación, debido a que las frutas evocaban para mí bienestar, y dada la situación, decidí celebrarlo cambiando el vino por unos deliciosos, jugosos y redondos duraznos, por unas tentadoras fresas y por unos lustrosos, maduros y provocativos mangos. Los compré frescos y risueños en una simpática frutería cerca de casa, en compañía de Sofía, quien para animarme cuando llegamos a mi hogar se empeñó en preparar algunos cócteles sin alcohol y servírmelos en copas altas con sombrillas y cerezas. Ella era una «mujer eléctrica», siempre lo organizaba todo, habitualmente tenía una apretada agenda llena de compromisos. A pesar de las múltiples actividades a que le obligaban su papel de madre y propietaria de un negocio, siempre tenía un tiempo para apoyar a sus amigas y para que su cabello estuviera perfectamente arreglado y coloreado en un rojizo muy discreto que armonizaba con sus ojos grandes y vivaces. De regreso, hicimos una escala forzosa en la librería, ella debía comprar un libro para una de sus hijas, mientras se lo solicitaba al encargado de la sección, me distrajo una obra que hablaba de la curación cuántica, la tomé y la ojeé. Decía que cada enfermedad del cuerpo correspondía a un sufrimiento o a una «perturbación del alma», quedó resonando en mi mente una frase de Carl Jung: «La enfermedad es el esfuerzo que hace la naturaleza para curar al hombre». Cuando empecé a observar un poco más, me sentí mal, responsable de todo eso. Dejé el libro y me dirigí hacia la caja en donde se encontraba Sofía pagando el libro para su hija. La espina había quedado clavada en mi interior llevando mis andares por terrenos culposos y pensando en haberme generado la enfermedad que padecía. Alguien que hacía terapias alternativas me dijo en una ocasión que el cáncer se manifestaba por resentimientos del alma, entre otros factores. No sabía si ése era el motivo, pero si lo era, yo iba a enfrentarlo. No iba a permitir que la enfermedad fuera el método para sanarme de lo que me estuviera pasando en el interior. La decisión era un dilema porque, ¿cómo iba yo a perdonar si no sabía ni con quién estaba resentida? No había tenido tiempo ni para resentirme, quiero decir, para imaginar lo que estuviera sintiendo en relación a ello. No obstante, algunas imágenes iban apareciendo en mi mente: las de mis padres, porque se habían marchado y me habían dejado; la de Ángela, y así siguieron otros provocadores de resentimiento en mí, y hasta mi propia imagen. A esas alturas de mi vida, había aprendido a tamizar la información. Mi interior, a través de una sensación de comodidad o disgusto, seleccionaría los datos que me proporcionaran mi cabeza, el exterior, un libro, una persona, sobre lo que era aceptable para mí, lo que me haría bien. No es sabio creérselo todo, pero tampoco es sabio ser escéptico, no hay que perder la lógica espiritual, quiero decir, el sentido común unido a la sabiduría interna.

También estuve muy alerta para que no fuera un esquema mental limitante el que me negara la libertad de abrirme a otro conocimiento o a la sanación. Ponía mi mente en paz y en esa paz interna sentía la sensación que venía de lo profundo de mi interior dándome la respuesta. Desde aquellos momentos, guardé ese «tamiz interior», recurro a él con frecuencia. De alguna manera, la idea de sanar el resentimiento o cualquier otro motivo por el cual esté enfermando mi cuerpo me resultaba coherente y me proporcionaba una sensación de alivio. Ideé una manera para que mi mente y mi cuerpo entendieran que estábamos retirando los motivos que pudieran estar causando tal enfermedad. Usé algo de programación mental. A veces, me sentaba en paz, con los ojos cerrados, empacaba en una caja el resentimiento, por tal o cual situación con una persona o personas en particular, incluyendo cualquier resentimiento hacia mí misma; así como cualquier otro motivo, sentimiento o sensación que apareciera en mi mente que me causara malestar. Lo metía todo en la caja como si fuera una película de antaño, en colores blanco y negro, la cerraba y miraba cómo se alejaba de mí. Entonces decía: «Me libero de la enfermedad, del dolor, de cualquier motivo que la cause. Mi ser, mi alma y mi cuerpo están sanos aun cuando yo tenga dudas». Lo hacía aun sin saber si funcionaría o no, pero la sensación de paz que sentía era hermosa, la paz y la belleza interna me parecía que era una buena combinación para generar salud, adicionalmente me permitía ver ciertas interpretaciones que había hecho sobre los acontecimientos. Le añadí a la frase «aun cuando yo tenga dudas», porque ello acallaba los argumentos de duda de la mente, qué más podía ésta decir al respecto. Más tarde leería sobre las polaridades del cerebro.

Cuando miro el sol dadivoso con sus atributos como suele conducirse en mi país durante casi todos los meses del año, y entrar impetuoso por los amplios ventanales de mi departamento actual, algunas veces levanto mi rostro dejando que me bañe. Mi mente, por minutos, se transporta al momento en que un espejo me mostró una floreciente esperanza. ¡Había subido de peso! Esa victoriosa mañana, desde el baño de mi habitación, bajé despacio las escaleras de la nueva casa, adquirida con el propósito de ofrecer más espacio a Gabriel, luego de vender mi primer departamento. Debido a la enfermedad, me había costado últimamente disfrutarla. Bajé las escaleras con alegría, me dirigí al jardín que rodeaba la casa, junto al porche, mi interior se mantuvo en silencio, levanté la mirada con los ojos cerrados y recibí un abrazo de Dios hecho sol. Casi sentí que el Universo entero acunó mi rostro. Quizás como un obsequio, en un momento de gracia, emanó oportuno un poema de antaño aprendido para una tarea de Literatura. Vinieron a mí, prolijos, los versos que expresó mi voz adolescente en aquellos momentos. Nunca pensé que cobrarían un día tanto sentido en mi vida:

No te rindas, aún estás a tiempo
de alcanzar y comenzar de nuevo,
aceptar tus sombras, enterrar tus miedos,
liberar el lastre, retomar el vuelo.

No te rindas, que la vida es eso,
continuar el viaje,
perseguir tus sueños,
destrabar el tiempo,
correr los escombros y destapar el cielo...

Aquellas palabras germinadas por la pluma de Benedetti frecuentaron mi mente a lo largo del día, y quedaron resonando por varias semanas. La esperanza recorrió mi ser, decidí hacer uso de la actitud valiente que ese sentimiento provee. Me dispuse a hacerlo. Miré firmemente las imágenes de miedo que estaban a mi izquierda, había logrado mantenerlas durante ese tiempo fuera de mí, ignorándolas por momentos, ordenándoles que se callaran en otros. Sabía que estaban ahí pero no les permitía que penetrasen en mi mente. Un pequeño juego mental que me permitía deshacerme de la inercia. Si no las hubiera enfrentado, no las hubiera podido ignorar. El astuto estaba a la expectativa, un poco intimidado, el otro había dejado de temblar. Me acerqué al tembloroso. Me miró con ojos tímidos. Antes de confrontarlos parecían enormes espectros, en ese momento «tembloroso» se mostraba pequeño e indefenso y «astuto-agresivo», tan fuera de lugar. Yo sentí profundo amor por ambos. Abracé al indefenso que me había hecho temblar como un espagueti, abracé la parte de mí que sentía cobardía, que sintió duda y lo hice sin censura, sin dolor. «Ya no necesitarás temblar más», me dije. Todo está bien. Mis brazos cobijaron mi torso y parte de la espalda. Nunca había sentido con mayor propiedad lo que significaba abrazarme a mí misma, autoapoyarme, evitando juzgarme porque sintiera cobardía u otra emoción poco equilibrada.

«Astuto-agresivo» quiso argumentar, como si todavía creyera que tenía el deber de protegerme. Le detuve entendiendo que podía dejarlo ir. Ahora un Yo distinto estaba a cargo, finalmente era tan sólo un fantasma construido por pensamientos reiterativos. También pude ver con algo más de perspectiva que los pensamientos negativos y las elucubraciones se vuelven formas agrandadas en la mente al no enfrentarlos y dejarlos avanzar, y en algún momento se convierten en dragones, espectros y monstruos que tienden a sabotearnos o paralizarnos. Ahora sabía que no era una suerte de videncia la que me ocasionaba elucubrar historias oscuras, imágenes amedrentadoras, entendí que era sólo un ego asustado tratando de protegerme.

«Estás confundido –dije en ese diálogo interno–, no me proteges de esa manera, me robas mi paz».

La presencia y las mentiras de un ego asustado, aunque tuvieran buenas intenciones, no eran ya necesarias. Finalmente, también abracé a ese arquetipo «astuto-agresivo», abracé mi conducta defensiva, sentí paz y retiré las imágenes de mi izquierda. Había logrado hacer con el miedo lo que hay que hacer: traspasarlo.

El tema del resentimiento y del perdón resultaron extraños para mí. No había visto resentimientos severos de forma cercana, yo creía que me resultaba relativamente fácil perdonar, ni siquiera me detenía a pensar en ello. No es algo tan simple. Con el tiempo, he tomado conciencia de que el perdón es en realidad un tema del ego, mientras sigamos necesitando perdonar a alguien o perdón de uno mismo, seguiremos en la esclavitud del resentimiento, entraremos en el drama o en el sentirnos víctimas de personas y situaciones de la vida, quitándonos la posibilidad de determinar el aprendizaje oculto tras esa conducta humana propia o ajena, eso entendí. Mas, dentro del camino del desarrollo de la conciencia, llega el momento en el que se comprende con propiedad el concepto de la «ignorancia espiritual». Desde ese nivel de conciencia, perdonar resulta innecesario y hasta arrogante, es más, no existe siquiera un motivo para perdonar pues ya no existe afrenta, porque nadie nos hizo nada, todo entra dentro de una sincronía perfecta de la experiencia de las emociones humanas en este hermoso y sagrado proceso llamado vida. La liberación de la necesidad de otorgarnos u otorgar perdón es el acto más generoso para uno mismo. Al aprender esto, supe que no somos ni más ni menos bondadosos por perdonar o no perdonar, solamente, sanos y eso es mucho, ¡mucho! No sólo aprendí eso, también ¡me sané!

Algunas personas cuando se enteran de que sufrí esa enfermedad, a diferencia de las que conocen más de cerca mi trayectoria y que me han ofrecido el privilegio de su compañía, dicen: «Eso te cambió, eso hace que veas la vida de forma diferente», como si sólo aquello pudiera transformar a los humanos. No, no es así. Como les sucede a muchas personas, son varias las cosas que han ido puliéndome a lo largo de los años. Por supuesto, las experiencias valiosísimas, a raíz de enfrentar mi enfermedad, cambiaron muchos de mis enfoques, pero no puedo decir que fue ella lo que cambió mis perspectivas. Hay personas cuyos retos han implicado mayores dolores que sufrir una enfermedad grave, por un corto tiempo como yo. De cualquier forma me sentí victoriosa por haber logrado superar circunstancias adversas, pero no más que los seres que van enfrentándose a distintos retos a lo largo de su vida y logran sus victorias.

Superar algo como aquello confiere cierta credibilidad, es como haber logrado algo extraordinario, sin embargo, yo diría: ¿acaso no todos hacemos algo extraordinario al enfrentar los desafíos del alma? A raíz de ello, siempre pienso y aclaro que no se requiere en la vida aprender de esa manera. Es mejor no requerir cosas extremas, es mejor no quedarnos en la necedad de las emociones negativas sin hacer nada al respecto y, de esa manera, generar en algún momento la presión de crecer por dolor o crisis, sino tomar la decisión de desarrollar la conciencia para entender que no estamos aquí por azar. Es mejor decirles a la vida, a Dios, al Universo y, por supuesto, a nosotros mismos: «¡A las buenas!, a las buenas yo entiendo y aprendo, a través de formas amorosas y gentiles, con salud», para así activar la conciencia y ¡crecer con gentileza! practicando el «aprender a aprender rápido», inspirándonos con la vida, permitiéndonos nuevas y sensatas percepciones, con la decisión de alquimizar nuestras historias.

Las tres cosas más valiosas que aprendí en esas circunstancias y desafíos fueron: la primera, la gratitud a la existencia. Aunque me mostraba agradecida por lo que había recibido a lo largo de mi trayectoria, y por el apoyo de personas amigas e incluso de «desconocidos» que me habían ayudado con tal desinterés que me llenaban el corazón y me hacían creer en la humanidad, nunca había valorado de verdad el existir, también me había faltado valorar más los momentos sencillos de la cotidianidad.

Esa noche, mientras caminaba entre tules y luces blancas hacia el hangar donde se llevaba a cabo el cóctel para bendecir al avión, verdaderamente, entré en otra dimensión: la de la celebración de la gratitud por la vida. Quedaron grabados en mi memoria ese vestido negro y su hermoso bordado bajo mi pecho que lo ceñía a mi cuerpo ya algo relleno, y se bamboleaba al son de mi caminar. Aquél era el primer acto al que había podido asistir después de semejante experiencia, henchida de esperanza, me replanteé qué quería, allí decidí: vivir… para celebrar y bendecir la vida.

«Gracias, porque puedo contar contigo», me dije. Cuando afirmé «contigo», me referí ¡a mí! A pesar de todo, de haber convivido desagradablemente con la duda, con el miedo, de alguna manera insospechada, había logrado recuperarme para apoyarme en el trayecto, en ese ínterin había permitido el maravilloso descubrimiento de esa conexión silenciosa y paciente: nuestro Ser Superior, que es nuestra porción del Espíritu Creador, Supremo. Si lo piensas, contar con uno mismo con gratitud es uno de los aciertos más importantes que podemos hacer como seres humanos y, tal vez, sea la mejor vacuna contra el miedo, para las pequeñas cosas o para las más relevantes, porque finalmente todas ellas son parte de lo importante de la vida. Eso no significa que dejemos afuera a Dios, sino lo contrario: que develemos en el recorrido a nuestra Esencia Divina, nuestro Maestro Interior.

La segunda cosa que aprendí era que yo había sido indolente. Mi espíritu positivo y el no lamentarme por las circunstancias que se presentaran habían confundido la compasión. Luego de lo ocurrido, la encontré y le di la bienvenida, ¡no se me volvería a confundir! Hoy, creo todavía que no hay que lamentarse por las cosas que suceden, pero puedo entender que no todos estamos preparados para superar algo en un determinado momento. Podemos permitirnos piedad y comprensión antes de poder limpiar el rasguño y levantarnos. Aun cuando no alentemos a nadie, ni a nosotros mismos a sufrir, porque no ayudaremos, podemos entender que algunas veces tan sólo hace falta poner el hombro o secar una lágrima, sin más pretensiones que dar un simple abrazo cargado de amor, permitiendo a otro, así como a nosotros mismos, encontrar el valor en esa aparente falta de valentía.

La laboriosidad de la vida a través de caminos insospechados había cultivado en mí la prudencia, destapando la virtud de conservar un espíritu positivo sin caer en la indolencia para conmigo misma ni para con los demás.

Por último, aprendí a llorar. Aunque estaba deprimida y muy sensible por los niveles bajos de serotonina en mi cerebro, el llanto no había sido una opción. Esa noche, cuando llegué a casa, luego del cóctel, de haber notado que un sinnúmero de estrellas miraban radiantes con asombro, mi disfrute de la victoria de haber entendido, un poco mejor, lo que es la existencia, lloré y dejé ir el dolor que había sentido por toda esa situación para abrazar con mayor lucidez lágrimas de alegría. Así, aprendí a llorar por dolor y por alegría, y entendí que ambas formas están bien. Llorar y tomarse unos minutos antes de levantarse también es de valientes. Llorar por dolor constituye una poderosa posibilidad liberadora de los humanos, hacerlo por alegría es una maravillosa celebración del alma. Para muchos, debe parecer insignificante el hallazgo, pero para mí no lo es. Tal vez hubiera sido conveniente a esos cinco años echar el buen lagrimón que venía en camino, para luego darme el gran abrazo que mi padre sabiamente enseñó a darme, pero como los hubiera no existen, siempre es momento oportuno para aprender. Más a la luz de una nueva conciencia, el llanto por dolor se hace escaso dejando el dulce sabor de unos ojos húmedos bellamente conmovidos por tantas cosas buenas que también tiene la vida. Finalmente, corroboré que cualquier cosa llega a tener solución, hasta una enfermedad grave porque depende de cómo se la enfrente, sea cual sea su desenlace, en tanto dejemos fuera a la decepción, porque con su presencia el sin-sentido cobra sentido, y presos ya de la apatía, todo puede acontecer robándonos el coraje y la responsabilidad con uno mismo sin que ofrezcamos mayor resistencia.

Capítulo 6

CUIDAR DE MI ESTADO EMOCIONAL

El llanto de la noche de celebración fue enjugado con el son de una canción al ritmo de salsa, «Vivir mi vida» en la versión en español de Marc Anthony, en un volumen muy bajo, porque Gabriel dormía:

A veces llega la lluvia para limpiar las heridas, a veces sólo una gota puede vencer la sequía… Voy a reír, voy a bailar, vivir mi vida, la… la… la… la… Voy a reír, voy a gozar, vivir mi vida, la… la… la… la… Voy a vivir el momento para entender el destino, voy a escuchar el silencio para encontrar el camino…

Con el corazón jubiloso, canté y bailé frente al espejo, al que había rehuido durante tanto tiempo, y aun cuando no pude ver todavía a un ser con Esencia Divina, contemplé a alguien con paradigmas distintos en relación a lo sagrado de la vida.

Un par de meses después de aquella noche, en los que empecé más juiciosamente a escuchar el silencio para entender el camino a través de la meditación, fui sorprendida por un comentario de Ángela durante una llamada telefónica.

—Sigues bailando por toda la casa –dijo entre sutiles y joviales risas.

Yo reí.

Esa costumbre me había ocasionado más de una burla en mi niñez y adolescencia. Entonces sonó tan distinto... Entre sus agradables comentarios, lo que tiempo atrás habría sido poco usual o imposible, me recordó algo que, por desgracia, yo había olvidado. En mis años de infancia, había aprendido a bailar recorriendo las habitaciones de la casa. Desde la mía, que quedaba en la esquina izquierda que daba a un balcón, bajando por las escaleras de madera, pasando por el recibidor, por un lado de la pileta de en medio, me dirigía al comedor, finalmente a la sala, cuya puerta debía abrir debido al diseño antiguo de la casa, donde me instalaba a bailar por un rato. Ello ocasionaba más de una burla de mis hermanos y de Ángela, a pesar de eso, yo seguía bailando. Conservé el hábito en la adolescencia, algunas veces evitando la presencia del público de casa, otras, ignorándola. En el ambiente en el que vivía, con casi ningún niño para jugar, había aprendido el ritual de bailar para sentirme feliz, olvidándome de ello cuando tuve que asumir responsabilidades mayores. Cuando Ángela lo mencionó con su risa de niña, para mí fue evidente: jugaría a celebrar la vida nuevamente con el ritual del baile. Sería mi forma de valorar cada momento que transito por esta tierra.

Mi ritual empezó a ser practicado cada mañana, entre la ropa interior y el vestido; entre las medias y los zapatos; entre la sombra de ojos y la máscara de pestañas, yo... bailaba, me llevaba un poco más de tiempo arreglarme, pero valía la pena. Mi vestimenta, trajes formales acordes con la imagen que se suponía era lo apropiado para una directora de empresa, cayeron en el olvido. A pesar de que en esos momentos no estaban de moda los vestidos en ámbitos profesionales como ahora, un sabor de festejo los convirtieron en mi atuendo cotidiano a partir de aquella curiosa noche, se volvieron un símbolo de complicidad conmigo misma, de celebración de la vida.

En aquel tiempo, mi casa se encontraba en un valle unos quinientos metros de altura más abajo que la ciudad de Quito, las flores retoñaban incluso con mayor facilidad. A un lado del jardín, un hermoso rosal recibía de mi boca quizás un poco más de los muchos elogios que yo expresaba a las plantas por ser la Esencia Divina que alegra el entorno. Ese rosal se mantenía con firmeza en una esquina, su nariz no era alta ni baja, su pecho no era pronunciado, no era presa del orgullo, no miraba de reojo comparándose con las otras plantas, no era presa de rivalidades. A mí me parecía que ese rosal en particular tenía una elevada conciencia, estaba complacido de ser quien era, no había ego o vanidad en ello, no necesitaba o tenía que ser nadie más, no se culpaba por tener espinas. Cada día podía permitir develarse a sí mismo siendo él, sólo él, ello requería dejar salir lo que de hecho existe en cada ser: la esencia de la belleza. Desde esa sabia autoaceptación era capaz de lucir desde su torso hermosos y lustrosos mullidos capullos de pétalos blancos, sin esfuerzo.

El ritual de baile de la mañana continuaba con la música en el coche, de camino hacia mi trabajo. Partía de casa y recorría los veinte minutos que había desde la avenida hasta el aeropuerto con toda alegría. Aquel paisaje era maravilloso. Algunas veces, cuando el cielo estaba despejado, me topaba con el Cotopaxi, uno de los volcanes más altos de Ecuador y del mundo, que tiene forma cónica. El imponente personaje me acompañaba en mi trayecto exhibiendo sus mejores galas: una espesa nieve en la cima, que casi parecía un delicioso merengue, bañada mágicamente por los rayos del sol. Un ánimo complacido destellaba a mi alrededor, esa sensación se iba volviendo un hábito. Hoy, son muy pocos los acontecimientos en los que esa parte de mi humanidad me gana y no puedo bailar, porque «esto me pasa» y «tengo derecho a estar triste», mas, si eso ocurre, también me permito con amor sentirme apenada, sólo por un rato, no sea que me vaya a acostumbrar.

Un tiempo luego de mi recuperación, el alma noble y dulce de Eugenia tuvo que enfrentar la misma enfermedad. Ella trabajaba como gerente de un departamento en una de las aerolíneas que era mi cliente. Exhibía un hermoso cabello corto, con mechones, algunas veces extravagantes, y una mirada que parecía sonreír. Eugenia optó por la quimioterapia. Su esposo, familia y sus amigos le apoyamos. Yo pensé: «¡Qué valiente es!». También sanó. Nunca comprendí por qué desarrollé ese enorme miedo. Quizás fue para aprender lo que es ese sentimiento; una mala idea, muy mala. Años más tarde, algunas personas me dirían que yo había sido «una irresponsable» por no tomar otras medidas frente a esa situación de salud. En realidad, pocas personas tomarían una decisión así. De ninguna manera promuevo que no se use medicina oportunamente, pero un proceso adicional y profundo con el propio ser podría resultar prudente y sabio. Con ello, es posible conseguir mucho más que la curación del cuerpo; también puede conseguirse cortar, liberar algunas de las pesadas cadenas que producen la enfermedad, así como otras de la personalidad que podrían estar estorbando o atando la expresión de los atributos del alma. Para liberarse de esas cadenas, no hace falta una crisis o una enfermedad.

Cuando me sentí mejor, hice una consulta con el médico. A esas alturas, la cirugía que me practicaron fue cosa rápida, sin la menor consecuencia. Conservé mis órganos femeninos. A la sertalina, que fue el complemento de mi desayuno por una docena de meses para enfrentar la depresión, le di el adiós para siempre de mi vida. De ello, ha pasado poco menos de una década. La selección de las palabras «para siempre», no es producto de la soberbia, sino de gotas de conciencia que me inducen a saber, que es mi responsabilidad cuidar de mi estado emocional. Con el conocimiento de que toda enfermedad tiene su contraparte o su motivo en el interior, con actitud confiada, decidí no rechazar la idea, permitiéndome un concepto más integral de la salud. Me autoricé investigar sobre el tema para ayudarme a comprender no sólo la solución a los síntomas, sino sus causas emocionales o mentales. Empecé poco a poco a tener mayor control de la salud de mi cuerpo, pero en el caso de que necesitara de la medicina, también recurriría a ella.

La naturaleza de la gratitud me ha permitido valorar el encuentro de una solución «simple», a través de mi proceso, pero también a mostrarme agradecida con la ciencia, que me ayudó a sanar finalmente y a cerrar ese capítulo de mi vida. Sé que muchos hombres y mujeres han dedicado toda su existencia a estudiar y descubrir el funcionamiento de la Conciencia Suprema en el cuerpo humano, llegando incluso a niveles de conocimiento insospechados, ello es siempre digno de admiración y de respeto. Einstein decía: «El hombre encuentra a Dios detrás de cada puerta que la ciencia logre abrir». Como todos intuimos, aún existe un extenso mundo por descubrir. Varias veces he pensado, con cierta nostalgia, cuántas cosas nos perderíamos algunas generaciones esperando a que la ciencia comprobara y determinara el comportamiento de nuestro ser y de nuestro Universo, y nos explicara lo que se podía o no hacer con el arte, con la magia de la Energía Suprema que ya se encuentra incluida en nuestro cuerpo.

Posteriormente, a mis manos llegaron algunos libros que me hablaban de lo que yo había hecho con mi salud, dándome ciertos datos, algunos comprobados por la ciencia, otros eran hipótesis que se estaban investigando. Me interesé mucho por los temas relacionados con el ADN. Estaba dispuesta con sobrio y benevolente entusiasmo y con perseverancia a explorar la posibilidad de tener el control de mi salud, la posibilidad de ordenar a las células, de retrasar el envejecimiento. Cuando veía en la televisión todas las campañas para contrarrestar las enfermedades, sobre los supuestos síntomas del cuerpo humano, típicos de los treinta, los cuarenta, los cincuenta, los sesenta y más, me preguntaba qué pasaría con nuestro cuerpo si nuestra mente no aceptara esos pronósticos o sentencias. Sé que las intenciones de los expertos son buenas, al menos en su gran mayoría, y que ciertas alertas son necesarias, pero ¿qué pasaría si desafiamos esos postulados y decidimos que no tenemos por qué pasar por ello? ¿Qué pasaría si realmente habláramos con nuestras células, con nuestro reloj biológico; si nos diéramos permiso para experimentar la salud y la juventud? Yo quiero averiguarlo, estoy en ello.

Hoy sé que puedo contar con la salud, porque sé que puedo sanar mi interior, que no voy a caer en una depresión, porque aunque fue circunstancial y algo común al sufrir un acontecimiento de esa naturaleza, ahora que he experimentado una de las enfermedades del momento que aqueja a tantos millones de personas en el mundo, comprendo que debo mantenerme alejada de ella cuidando mis pensamientos y percepciones de cada situación, mis creencias sobre diferentes aspectos de la vida, siendo consciente de la importancia de contar conmigo misma, cuidando mis estados emocionales, observando y mejorando mis rituales. Confieso que nunca estuve segura de que lo que me llevó por mal camino a ese estado de desesperación fue la enfermedad sufrida o la depresión, porque ésta dispone de una fea cualidad, la de alejarnos de uno mismo, de esa esencia vital que nos procura el coraje y la fuerza para afrontar los retos con manos seguras, pararnos firmes con el corazón confiado, y con valentía decir: «Más allá de lo que sea, ¡yo puedo!».

Como siempre había sentido curiosidad por los intrigantes procesos de maduración, desarrollo y evolución de los seres humanos, de sus algunas veces sabios y asertivos comportamientos y, otras, incoherentes y temerarios, durante un tiempo, a propósito de que la idea de escribir empezaba a esbozarse nuevamente en mi cabeza, decidí ser investigadora y observar los rituales de las personas. Tomé nota de que éstos constituyen cierta base de nuestro comportamiento. Comienzan en el cerebro, con los pensamientos.

Ni te imaginas cuántos rituales de todo tipo hallé. Aun siendo muy discreta en mis observaciones, Julieta, con su humor risueño, lo notaba y decía:

—Oye, ya que me estás tomando por un ratón de laboratorio, por lo menos, acompáñame al cine hoy.

Como su esposo viajaba con frecuencia, Julieta disponía de bastante tiempo libre. Ella, Gabriel, que aún era un niño y yo, éramos clientes frecuentes de todos los cines de la ciudad, tampoco eran tantos. La mayor parte de las veces, nos veíamos obligadas a adaptarnos a las películas con censura infantil. Frente a ese pequeño inconveniente, Julieta decía:

—Cuando tenga hijos mi mente será muy creativa para inventar cuentos para niños.

Ella tendría que afrontar más tarde la idea de que no podría ser madre. Frente a esa noticia, a pesar del shock inicial, no hicieron demasiado grande el problema. Julieta y su esposo decidieron que más adelante iniciarían un proceso de adopción, mientras, serían alegremente los dos. Ella tenía una capacidad de adaptabilidad a las circunstancias que resultaba admirable. Esa sana y conveniente capacidad a mí me parecía que más bien era una habilidad, le permitía no quedarse atrapada en el drama sin dejar de lado su sensibilidad. Su sentido del humor era inteligente, sutil y delicado, y su compañía, de lo más agradable. «¡Qué bueno!», pensaba, pues no me era fácil reír si eso implicaba menosprecio, falta de respeto o burla a otro.

Julieta tenía alma de celestina, le gustaba hacer parejas, algunas de las citas a ciegas que había organizado no resultaron precisamente en flechazos de Cupido, pero su gran fe en el amor hacía que no perdiera la motivación por unos cuantos desencantos y momentos incómodos. Armaba tanto jaleo con sus habilidades para ayudar a la concreción del amor –habilidades, por supuesto, reconocidas por ella misma–, que cuando las cosas salían bien, decía:

—Ven… hay que echar una mano, eso de ir por ahí solamente disfrutando de la felicidad propia no es generoso.

Cuando las cosas salían mal, decía:

—Ningún bien hace uno al andar por ahí interviniendo en lo que nadie le ha pedido.

Con Julieta, la fórmula para negarse debido a su humor era algunas veces ineficiente. Acababa convenciendo a cualquier desprevenido que no la conocía lo suficiente y, por tanto, creía poder mantener la firmeza, lo que hacía que su trabajo *ad honorem* para el joven y alado ángel del amor fuera asiduo. Con los cambios de la vida en el planeta ahora tenía otro aliado.

—Es bien sabido que le quitaron el trabajo a San Antonio –dijo un día con su habitual humor–, por lo menos ya no tiene que laborar por la tierra cabeza abajo, ahora hay otro santo para los arreglos amorosos, Internet –añadió.

Una noche de sábado convenció a Sofía para subir su perfil en una página que ejercía electrónicamente los antiguos oficiosos del santo. Pese al entusiasmo de Julieta, Sofía refunfuñaba.

—A mí me gusta la libertad –decía.

—Quién dice que vas a ir a la cárcel –repuso Julieta.

Sofía y yo reímos.

—Tú crees que no es posible ser feliz sin una pareja –dijo Sofía–, además puedo tener pretendientes y no quiero por ahora una relación. Me niego a creer que solamente se pueda ser feliz teniendo una pareja y a dedicarme a esperarla o a buscarla, mientras lo hago me olvido de vivir. Si me hace falta más compañía que mis amigas, me compraré un perro, un gato o un perico –protestó nuevamente.

—No. No es eso –repuso Julieta.

—No presiones a Sofía –dije mientras servía unos bocadillos–. Hay tiempo para todo, para disfrutar de la vida con uno mismo o con pareja, y de hecho la responsabilidad de ser feliz va más allá de la preferencia de escoger o no pareja. Una persona decide ser feliz o no, en cualquier estado –repuse con aire lúdico para alivianar el momento.

—Sí –dijeron las dos al unísono.

En verdad Julieta era un alma feliz cuando estaba sin pareja pero ahora estaba casada con el hombre que en su adolescencia le hizo pasar trabajo. También Sofía lo era, ambas son mujeres seguras de sí mismas y disfrutan de distinta manera. Sofía había enviudado tres años atrás, a causa de una enfermedad congénita de su esposo. Sus hijas estaban al final de la adolescencia y, al haber sido madre joven, era quizás la primera vez que ella disponía de una libertad distinta.

Con queja o sin queja, el perfil fue creado y subido. Y Sofía conoció a alguien con quien conversaba asiduamente, esquivando por un lapso de tiempo los flechazos del joven alado, tiempo después, su amada libertad dedicaba unas horas al día al Facebook donde hizo un número considerable de amigas y amigos.

Así, me dispuse a cuidar de mi estado emocional, lo que normalmente no es algo que hagamos de forma preventiva, sino como consecuencia de encontrarnos ya en un momento penoso. En un inicio tan sólo fue un juego, pero conforme iba avanzando en la tarea, más caía en la cuenta de que el estado emocional es casi un deber personal y social.

—Imagina cómo cambiaría la vida de las personas y el mundo –opinaba Julieta.

—Habría menos depresión y ansiedad –añadía Sofía.

—Y menos violencia –decía Julieta.

—Y menos desencanto y frustración –añadí.

—Y un mejor manejo de la vida –dijo Sofía.

—Te hemos ayudado a cambiar el mundo, aunque sea como ratones de laboratorio –acabó diciendo Julieta dirigiéndose a Sofía.

Todas reímos.

Luego de observar muchos rituales, empecé a fijar mi atención en los pensamientos. Como ya sabes, hay pensamientos que conducen a estados de estrés; otros, de depresión; a sentirnos aburridos, de malhumor; a desvalorizarnos e incluso a victimizarnos; otros nos conducen a atemorizarnos y, cuando nos atemorizamos, exhibimos comportamientos que incluyen cierta agresividad. Asimismo, como habrás notado para tu beneplácito, hay pensamientos que conducen a estados de alegría, a sentirnos amados, respetados y valorados. Encontrándole el humor tanto a pensamientos como a emociones –me dije–, dejamos el victimismo, la preocupación, la culpa y el miedo, y entramos en un estado emocional más sano, en un mundo más equilibrado.

Cada ser humano vive en un «mundo personal», compuesto de varios factores: creencias y patrones, estímulos y motivaciones.

—Parece que éstos tuvieran vida propia –dijo alguien tras alguno de mis comentarios sobre los pensamientos.

Yo contesté:

—Algunas veces me parece que sí.

Hay pensamientos para todos los gustos y disgustos. Con el tiempo, usando mayor conciencia, aprendemos a manejarlos, luego ya muchos de ellos nos resultan tan conocidos que no pueden hacerse los graciosos, a lo mejor uno que otro todavía nos puede pillar desprevenidos y nos juega una mala pasada. No somos nuestros pensamientos, pero lo hemos creído tantas veces… Con tal premisa empecé a observarlos, sin obsesionarme. Los hay de todos los tipos, están los pensamientos eruditos, de esos que cuando acabamos de decir la frase o termina el coloquio nos quedamos sorprendidos de tanta sapiencia, hasta parece que el cielo se tomó la molestia de soplarnos tan brillantes comentarios; están los creativos, que los artistas convierten en grandes obras, artistas que no están siempre seguros de que su obra magistral sea propia o copiada a Dios de alguna ya creada en dimensiones paralelas; están los impertinentes que algunas veces no solamente resultan indiscretos, sino también insolentes, y los pensamientos despistados, que pareciera que se despiertan de vez en cuando después de un sueño parecido al producto de la ingesta de algún hongo alucinógeno y nos hacen decir cualquier cosa. Uno se queda estupefacto, ¡cómo fue que dije eso, en qué estaba pensando! Para prevenirnos de ellos se debe tomar medidas y evitar ingerir cualquier alimento o alcohol que pueda afectarlos, pero, si no lo logramos –a veces ni la sobriedad ayuda–, una vez inmersos en el lamentable momento incómodo de que los pensamientos despistados han hecho de las suyas, y uno tiene solícitos deseos de poner los pies en polvorosa, hay que echar mano con premura de alguno de los sensatos para que, junto con alguno sincero, nos ayude a pedir disculpas, si fuera el caso. Si no, lo apropiado sería hacer uso de uno de los que nos permiten el disfrute de la prudencia y mantener el sano silencio, porque los explicativos suelen meter la pata, y luego del saludable silencio, hacer uso en el momento oportuno de uno incluso más sabio, de ese que tiene la capacidad de comprender y de permitirnos reír de nosotros mismos y así evitar la presencia de los culposos y vergonzosos. Ésos en su gran mayoría tienen las ideas confundidas, se creen que pertenecen a la clase de los comedidos o incluso a la de los llamados justicieros, y sin ningún oficio ni beneficio consideran como propia la grosera tarea de intimidarnos y hasta de castigarnos. Como en la niñez nos enseñan generalmente a tomar conciencia a través de la culpa o la vergüenza, éstos pueden resultarnos muy limitantes. Y la culpa por buena que le parezca a nuestra naturaleza humana para ayudar a mejorarnos, resulta una muy mala guía, siempre nos hace actuar mal. Esos pensamientos despistados les han jugado varias malas pasadas a las figuras públicas y esos momentos incómodos han recorrido el mundo entero. Están los avezados, esos de los que hacen algunas veces uso algunos políticos para pretender arreglar algo que dijeron o hicieron que ya no tiene arreglo, en ocasiones éstos les resultan bastante eficientes y hasta salvadores. Ves, ése fue el comentario de uno de los irónicos, yo a ésos los tenía y los tengo bien vigilados, porque lamentablemente tienen mala vista, no divisan bien la línea entre la ironía y la falta de respeto. En relación a mi actitud frente a ellos, solía salir un pensamiento defensor, de esos a quienes les gusta defender causas ajenas y me decía: «También hay que considerar que la línea es bastante fina». Están los sabios, de esos que pueden amarnos y amar sin exigencias ni pretensiones, que nos hacen entender la sublimidad de la existencia y la importancia de la solidaridad y de la empatía, comenzando por uno mismo, que intentan hacernos comprender que el odio es una soberana tontería, que la discriminación en cualquiera de sus formas es una soberana tontería, que la violencia es ausencia total o falta parcial de amor por uno mismo, que la guerra es un absurdo desquicio de egos. Asimismo, están los iluminados, de esos quizás logremos que se muestren a lo largo de la vida, tal vez, nos cuenten las verdades del Universo, nos hagan comprender a través de formas benévolas sin viso de duda que somos Esencia Divina, que como dice mi amigo Max, todos los humanos somos familia, como tales, sería prudente cuidarnos. Los risueños, los esperanzados y los tiernos que nos permiten saborear lo dulce del trayecto. Los amedrentadores, los agoreros del mal, suelen ser bastante mentirosos, logran asustarnos mostrándonos futuros oscuros, cuando siempre tenemos la posibilidad de elegir caminos más luminosos. Los insufribles que creen en la ley de Murphy. Y están los pensamientos osados, que contrarrestando a los limitantes, nos apoyan más allá de lo que sea. Éstos son muy buenos aliados, yo suelo darles rienda suelta porque, cuando el desaliento quiere aprovecharse de un momento de fragilidad, salen en mi defensa, y me dicen: «Si pudiste con "eso", podrás con "esto"». Ningún desafío llega a destiempo, cuando llega es porque estamos preparados, el verdadero reto algunas veces es que creemos que no y perdemos el tiempo quejándonos, refunfuñando. Y están los pensamientos peligrosos, esos que justifican todos los males de nuestro presente con el pasado, haciendo asociaciones con eventos y personas, imponiendo culpas a cualquiera, incluyéndonos, éstos tienen esa clasificación porque logran un lamentable perjuicio: nos quitan nuestro poder personal, la capacidad de resiliencia, la de usar nuestra conciencia para discernir y la hermosa posibilidad de liderarnos. Me estaba olvidando de los sufridores, esos que viven drama en donde hay drama, donde no lo hay y también donde puede evitarse. Con éstos hay que tener cuidado porque no solamente pueden estropear la vida, sino que también provocan en otros lealtades a esa actitud sufridora y muchas veces terminan por estropear las circunstancias del entorno, en especial de los seres amados.

Poco a poco yo había logrado caminar en cierta medida por los vericuetos de la mente, así como convertirla en buena medida en mi aliada. Ya más consciente de que todo este abanico de pensamientos están presentes ya sea para apoyarnos, limitarnos o dañarnos con su repetición y de que se convierten en acciones y rituales, tomé medidas. A algunos les permitía expandirse con toda comodidad, como a los que promovían la bondad, la humildad, la esperanza, la confianza, el optimismo, y a otros los ignoraba por completo, los oía como oír llover, sin empeñarme en tratar de quitarlos o de controlarlos, de que se comportaran y mostraran ser compasivos, porque de esa forma les estaremos dando más cabida aún, centrándonos en ellos. Más adelante aprendería a botarlos al basurero sin miramientos, con rapidez antes de que se agranden. Cuando el ignorarlos no era suficiente, tomando al toro por los cuernos, comprendí que a los pensamientos de miedo había que aplicarles, como ya he dicho, amor y permitir inmediatamente que se haga notoria la conexión con la Sabiduría Interior, porque la separación es simplemente una ilusión, y en ese espacio está el verdadero Amor y ése si lo supera todo. Habrás advertido que no he dicho que se deba contrarrestarlos con el valor, porque ello está implícito, pero, aunque el valor es un gran y necesario aliado, el amor empodera a la valentía de tal suerte que la convierte en poderosa y hasta en invencible, previniéndola de la temeridad. Si no me crees, analiza los anales de la historia, cuántos miedosos empoderados con valentía han actuado de forma espeluznante. Resulta conveniente solicitar ayuda con frecuencia de los osados, porque tienen gran habilidad para darnos la firmeza y la intrepidez que requiere traspasar las barreras del temor y la de los argumentos con estrechez de la mente, e ir por nuestros sueños, cuando lo hemos hecho, permitirnos ver que en su gran mayoría esos argumentos eran ilusorios, y porque con su ayuda resulta imposible sentir miedo de tener miedo.

A los saboteadores que pretenden limitarnos en cualquier área, hay que aplicarles la certeza con ausencia de prejuicios, a los chantajistas, que dicen: «Tienes que ser así o asá para poder quererte, para que te quieran o acepten», se les aplica el sentido del merecimiento de un amor incondicional simplemente porque eso es conciencia. A los vergonzosos o culposos se les cuenta que no somos «producto acabado», que estamos en proceso de encontrar el camino para saber que somos Energía Divina y vivir en consecuencia. A los circunspectos, que echan a perder la broma, justo en el momento en el que los músculos se tensan para permitir desplegarse con comodidad a la risa, dejando medio congelada a la sonrisa, se les suaviza con la predisposición al asombro de un niño para que nos permitan la capacidad de sonreír y disfrutar de las cosas sencillas de la vida.

Huelga decir que la lista es larga y que, para los fines pertinentes de continuar con el relato en el que me hallo, tanto tú como yo, podemos en un momento más oportuno completar la lista con los que nos falten y aplicarles para nuestro provecho las medidas que la sensatez nos proporcione, añadiéndole un ingrediente especial, que será la cereza del pastel: la jocosidad, porque a los pensamientos reiterativos que no nos agradan o no nos apoyan hay que hacerles frente, con toda firmeza, con toda osadía pero con jovialidad, no con estilo justiciero, porque desde luego no estamos indefensos, no somos sus presas, ése es solamente otro pensamiento y no la realidad.

Jugando juiciosamente con los pensamientos dejé de ser presa menos fácil de sus arbitrariedades reduciendo esa capacidad innata que tiene la mente de tironear antojadizamente a las emociones, sin darle demasiada cabida a la mente para que cuente sus historias enredadas, fui permitiendo que las emociones como el amor, la compasión, la benevolencia, la nobleza, el coraje para empoderarnos y ser nuestros propios líderes y sacarnos adelante, entre tantas otras, me recuerden con mayor profundidad que somos maravillosos seres espirituales capaces de elevar la conciencia y crear un mejor rumbo para nuestras sociedades. Con esta conclusión, guardé en mi mente con premura y diligencia esta frase que leí en un libro: «… deja de obligarte a juzgar y analizar todo con tu cabeza para reaccionar posteriormente con tu ego». Así sin dejar que la mente se desborde por donde quisiera, pero tampoco limitándola, podía disponer de la satisfactoria sensación de que corazón y mente trabajaban juntos para procurarme una vida mejor a mí y esperaba que también me permitiera aportar a mi entorno.

Cuando ya los pensamientos habían ganado momentáneamente a este observador más sabio y habían generado una emoción o sentimiento poco agradable que se desbordaba desde mi interior, miraba cómo ésta «tironeaba» a mi humano, la observaba, la sacaba de mi cuerpo y la ponía a un lado de mi ser, a mi izquierda como hice con el miedo, como si fuera el niño que hace rabietas, y le aplicaba algo infalible: paz. La «miraba» sin censura, con el silencio de la mente porque, de hecho, esta emoción procedía de un pensamiento desbordado insanamente, de una creencia o de una mala percepción de los acontecimientos. Finalmente, coincidí con un autor: «La personalidad simplemente es la forma que aprendimos a reaccionar ante un estímulo, no es lo que somos, no es lo que nos define». Yo añadiría que ello alberga una gran esperanza, puedo cambiarla a voluntad, detectando qué estoy pensando o creyendo para que mi personalidad muestre determinada acción o reacción. Una de las emociones difíciles de transformar era la ira, que a todos nos aqueja en determinados momentos. Cuando la sentía en mi cuerpo, imaginaba un espectacular y hermoso león blanco que quería saltar hacia delante o saltarle a alguien, lo veía, sin interpretación y sin perder firmeza si la situación lo requería. Esa imagen me daba unos segundos, apaciguándose la emoción, podía reaccionar con la intensidad requerida y no desbordada.

¿Por qué escogí la simbología de un león? Porque aunque es feroz y valiente, representa la nobleza y el aplomo a pesar de su ferocidad. Yo comprendía que la nobleza es un hermoso atributo para incluirlo en la personalidad para suavizarla, porque la ira dispone de un mal recurso: las palabras, y en niveles exacerbados, de violencia física. Mi grado de ira no era feroz debido a la educación que había recibido de mi padre, él me alentaba a defenderme de las bromas continuas de mis hermanos que eran bastante mayores que yo con una única regla: no estaban permitidas las groserías, las palabras hirientes ni la violencia. Reconozco que esa actitud alentadora me ayudó mucho en mi camino por la vida, porque aprendí a defenderme sin dañar. También entendí lo nocivo que supone perder el control con las palabras. Siendo una niña, en una ocasión, escuché a alguien insultar en la calle, sus palabras rugían rojizas como fuego, y esa escena me impresionó tanto, que desarrollé la costumbre de ser muy cuidadosa con las palabras cuando estaba molesta. La ira en su lado negativo daña, destroza a las personas y las relaciones, y puede producir heridas hechas con palabras que podrían dejar feas cicatrices. La ira ha causado guerras y muerte. Dicen que ésta, encaminada hacia su lado positivo, es pasión y voluntad. Yo quise aceptar ese concepto. Por el contrario, cuando una emoción hermosa se desbordaba en mi corazón, producto de las laboriosas intenciones de las que toda alma dispone para mostrarnos su belleza, me expandía en ella y la apreciaba, dejándola brillar con donaire en mi interior y hacia el exterior a través de mi «campo vibracional». Y así, mis pensamientos y emociones ya no «tironeaban» tanto a mi humano y me iban permitiendo una mayor estabilidad y equilibrio, así como una mejor comunicación con la esencia de mi Ser.

Para que ese equilibrio tuviera un asidero estable, resultaba obvio que debía enfrentar a un dragón que asoma sus narices a voluntad y que causa barullo, porque producto de un acondicionamiento de generaciones enteras, a los humanos nos parece normal y hasta necesario convivir con una constante culpa, la conciencia no es sinónimo de culpa o de vergüenza. Una oleada de conciencia galvanizó mi deseo de liberación. Como nuestra mente humana gusta de jugar a la pérdida de tiempo de arrepentirse de que una decisión se haya demorado en llegar, me percaté de no sentir culpa por no haberla retirado antes.

Tal acondicionamiento resulta eficiente porque le adjudicamos una cualidad inexistente, la de protegernos de la repetición de los errores, de la falta de conciencia de nuestras acciones, del cinismo, de volvernos desvergonzados inmunes a los valores. Paradójicamente se aprende mejor con ayuda de la compasión, del amor y de la empatía que con la culpa. Intenté varias cosas que fueron debilitando a ese dragón, entre ellas, con la firmeza erguida, confronté los mensajes que había recibido en mi niñez sobre la culpa y la vergüenza, sobre qué era «correcto» sentir si las acciones no eran sabias o adecuadas, o incluso cuando no actuábamos de una forma políticamente aceptada. Advertí el efecto que causa la censura en la adultez cuando se relacionaba a la recibida en la infancia, y sobre la necesidad de retirar esas asociaciones para nuestra salud emocional y mental.

Un paradigma que fue directo a la basura, cual inservible pedazo de tela que resulta improductivo empeñarse en seguir cortando, fue el de «no es posible cambiar», porque comprendí que un ser puede permitirse cambiar sin problema, sin drama y sin culpa. Cambiamos durante todo el tiempo. Reparé, además, en la importancia de tener la firme disposición de reinterpretarse a uno mismo, de redescubrirse en su naturaleza actual sin eludir la pasada, y de evitar continuar poniéndose etiquetas a través de los «yo soy» o «yo no soy» para permitirse mirar cada día la versión mejorada de uno mismo y admitir que nuevos «yo soy» más positivos vengan a la vida. Si ese sano sentimiento era aplicable a mí, también podía ser aplicable a los demás, quiero decir, permitirle al otro cambiar y no «anclar», «congelar» nuestra percepción de ese otro, porque lo estaremos arrastrando a su ayer sin darle oportunidad, debido a una idea preconcebida. A partir de ahí, tuve mucho cuidado con usar los «tú eres» o «tú no eres», excepto cuando quería expresar una lisonja sincera, porque ellos, en el sentido negativo, encasillan tanto a niños como a adultos, muchas veces dañan, y yo quería ser responsable con los demás.

Dejando descansar la espada, enfrenté al dragón Culpa. Decidí tomar algo que, por simple, no había atraído mi atención y empuñé con valor una pluma. Iba a enfrentarlo con un arma que ni él podía imaginarse: la escritura. Me preparé para escribir. Me senté en el sillón, situado tras el escritorio de madera que se hallaba en el estudio de mi departamento. Detrás de mí, como testigo silencioso de mi aplomo, se encontraba la estantería de libros que cubría toda la pared. Era un día templado, de esos que no se dejan convencer ni por la fogosidad del sol ni por las nostálgicas y hasta románticas pretensiones de la lluvia, como consecuencia de su vacilación, las nubes lucían blancas satinadas apenas con un tono gris, creyéndose de naturaleza permanente. Yo, cargada con la decisión que al día le hacía falta, con toda la seriedad de quien entiende que es una negligencia para con nosotros mismos guardar malestares o esquemas mentales que nos lastiman y que alimentan dragones, me dispuse a usar la pluma con prolijidad. La idea era anotar todas aquellas cosas o experiencias por las que se siente culpa, aunque no se haya cometido ningún delito, incluso las que no producían una culpabilidad real pero que obedecían a la opinión de otros, cualquier otro que logra hacer sentir incomodidad o vergüenza, episodios livianos y otros de una mayor carga emocional, con cierto lujo de detalles, permitiendo que aparezcan sin conflicto varios sucesos de la niñez y de la adultez, las imágenes de rostros que, no por maldad sino convencidos de que era la forma de educar o de corregir, reforzaban y promovían tales sentimientos.

Yo iba anotando en el papel todo lo que saliera, lo sacaba de mi mente, lo hacía consciente y lo liberaba, cualquier cosa, también la culpa que sentía por la batalla interna entre mis anhelos de madre y mis anhelos de mujer profesional. Igualmente notaba con serenidad todo el sentimiento que ello me había causado, y no pienses: «¡Lista de culpas, qué habrá hecho Eliza!». No me mires de mala manera, porque no solemos ser conscientes de las tonterías por las que llegamos a sentirnos culpables, además no es sabio juzgar a los demás ¡Me liberé!

La perspicacia decidió aliarse y derroté de paso a otro dragón, la autocrítica, tan promovida como método de mejoramiento. Un mayor nivel de conciencia no requiere que nos laceremos para modificar las acciones o reacciones en cualquier área. La época medieval, por suerte, ya pasó. Eso de ser torturado por uno mismo o por otros debe quedar en el olvido. Ello no significa que me pusiera una gran venda en los ojos o que bordeara la naturaleza del cinismo, sino que para modificar las perspectivas y acciones podía usarse el entendimiento y el amor, no la crítica o peor, el castigo.

Al finalizar la escritura, rompí y eché esos papeles a la papelera, que se encontraba debajo del escritorio, con gesto de alivio le envié un mensaje a mi consciente y subconsciente: «¡Elijo en adelante solamente tomar conciencia con benevolencia y paz libre de culpas, vergüenzas o castigos!».

Finalmente, el día tomó una decisión y retirando a las nubes se abrieron paso con elegancia unos cuantos rayos de sol, bañando sutilmente el sofá que se encontraba debajo de la ventana. Con el corazón renovado y libre mi mente de interpretaciones culposas, una esbelta tranquilidad me invadió. Ese día en que anulé las culpas, esos retazos de papeles se llevaron rumores de borrascas. Por mi bien conservé el basurero virtual o imaginario. Un pequeño juego de reprogramación mental que me ayudaba a no conservar «pensamientos basura» arremolinándose en mi cabeza, provocándome malas percepciones o desencanto que estorban la tranquilidad y paz interna. Lo pinté de un color plata oscuro y lo coloqué en el suelo a mi izquierda, un color adecuado para el subconsciente. Todo cuanto llegara allí se desintegraría y desaparecería. Ese sano proceso me permitía mantener la mente limpia, haciéndose innecesaria la tendencia a huir de los pensamientos o a esconder la basura debajo de la alfombra, hasta que estorbara lo suficiente como para tener que levantarla y limpiar el espacio. Desde ese momento, ahí irían a parar de inmediato y sin reproche cualquier pensamiento, emoción o sentimiento nocivo, porque ya no eran de ninguna utilidad, no lo fueron antes, mas, ahora lo sabía con suficiente conciencia. No volvieron a aparecer los arquetipos del miedo. No fui más presa de pensamientos miedosos, si pretendían invadirme, iban inmediatamente a donde deben ir ¡al basurero! Así, entendí el enorme aporte que le da a la vida el hecho de estar en paz con el pasado libre de culpas, sabiendo que ése está construido por el tiempo transcurrido hasta hace un segundo.

Con todas esas prácticas, aplicadas muy seriamente pero como debían aplicarse, de forma lúdica y afable, con toda liviandad, sin rigidez, decidí cambiar patrones. Tomé conciencia de los rituales de queja que nos son muy comunes, o los de censura diaria que también nos son muy comunes y empecé a desecharlos. No permití más que un recuerdo me hiciera fruncir el ceño o que me causara una pequeña punzada en el corazón, cuando lo detectaba, no le huía, lo enfrentaba, no le permitía a mi mente la asociación dolorosa de ese recuerdo con fechas, ciudades, eventos o personas. Los transmuté. Inicié el cuidado de otros hábitos, produciendo conscientemente para mi cuerpo mental, emocional y por supuesto físico sensaciones benéficas. Empecé a mirar a las personas entendiendo que al igual que yo están enfrentando sus retos, aprendí a honrar el camino de cada ser sin cuestionamientos, no hay palabra más elevada que honrar y repetí esta frase con constancia: «Honro tu camino». Estas tres simples palabras son un gran conocimiento y práctica de la conciencia, y un bálsamo para la mente, porque permiten la compasión y la empatía para ayudar a otro sin entrar en el juzgamiento, en el drama o en el sufrimiento. Empecé también a darme «baños de agradecimiento» por permitirme una nueva forma de ver la vida, a darme «baños de cariño», abrazando físicamente mi ser cuando las cosas salían bien, y también cuando no. A hacer lo mejor que pudiera sin estrés. Tuve el cuidado de decirme: «Te quiero mucho, Eliza, aun cuando esto no haya salido bien». A abrazarme con conciencia sabiendo que estaría ahí para autoapoyarme. A permitirme poner los ojos de asombro de un niño frente a las cosas cotidianas de la vida.

Todo me empezó a parecer más bonito, divertido. Entablaba un diálogo con mi Maestro Interno cuando podía, algunas veces largo tiempo, otras unos minutos, el arte de la meditación tradicional, como a muchos otros, no se me daba fácil, el barullo de la mente es imparable, mas esa plática sencilla, afable y sin presiones permitía a un alma concentrada (tomando prestada la expresión de Hermann Hesse) brindarme una diáfana paz.

Bailaba cada mañana, lo que no sólo mantiene la figura ceñida, sino también la vibración energética elevada, lo que produce un buen estado de ánimo. Nada era una carga, una obligación o una dependencia para ocasionar o sentir bienestar, y no es que pretendiera debilitar a la disciplina, tan dueña de laureles, también provocadora de tanta culpa y condena, impuesta por la sociedad si no nos digna con su presencia en alguna área de la vida, cuando en realidad su ausencia es producto de no estar alineada con las verdaderas motivaciones o con un sentido sano de valía de uno mismo. A nadie le falta disciplina cuando sabe auténticamente lo que quiere. Y si nada resulta suficientemente atractivo para recibir tiempo, energía y cuidados, obedece a alguna resistencia de otra índole. A los niños se la impone, cuando se podría grabar en sus mentes que aprender es divertido y, no un raro juego de premios y castigos. Todo era una celebración o una ventura con la vida. Mi equilibrio y mi paz procedían de ese juego, no de la rigurosidad de cronogramas, horarios o de la censura de mis actitudes, sino de una nueva conciencia, del respeto y del cuidado que comprendí merece cada ser poseedor de esa Esencia Superior.

Esa nueva conciencia, esa aceptación mental aclararía mi discernimiento haciéndome comprender que los dos mundos (el material y el espiritual) no son ámbitos y sistemas distanciados, allanando cada día el camino para el advenimiento de la posibilidad de vivir en meditación sin pretender entrar y salir de ella sin dejar a la vez de funcionar con practicidad y eficiencia en el diario vivir. En este proceso no había reproche por sentidos errados de retrocesos cuando todo ello no era posible, cuando mi humano «metía la pata» con toda propiedad; era sólo la práctica cordial de nuevos patrones y rituales producto de una nueva concepción de la vida, de todo un nuevo estilo de vivir. En esta nueva práctica, entendía, que ya la época de aprendizaje con mediciones había pasado, no había exámenes, buenas o malas notas, caritas felices o ausencias de ellas, la palmadita de papá o lo contrario. Esas necesidades de caritas felices a más de uno se le quedan en la adultez aunque pareciera que se las desecha en la infancia.

Empecé a vislumbrar el rostro sereno de la benevolencia. Fui incluyendo en mi ritual diario el vivir por unos instantes la sensación de felicidad, pensando o recordando algo agradable, diariamente, varias veces al día, eso le permite a toda la química del cuerpo generar equilibrio y salud, solía con anterioridad disfrutar de la música clásica, desde entonces, la escuché con mayor frecuencia y de una manera distinta, permitiéndole a mis sentidos que se fundieran con la sublimidad de los sonidos, me permití «mirar» la música. Eso, aunque pareciera imposible, cambia con gran facilidad y rapidez el estado de ánimo. El cuerpo humano es energía que emite una vibración; es simplemente física. Los pensamientos y las emociones causan reacciones químicas en el cerebro y en el cuerpo, existe todo un proceso cerebral y corporal en torno a ello. Resulta obvio que no es prudente que interrumpamos el relato para tomar clases de química del cerebro, de biología o de física, sin embargo, compete pensar que, si el cuerpo y el cerebro se van acostumbrando a producir químicamente el equivalente de amor, compasión, alegría, juego, amor por uno mismo, cómo se irá volviendo la vida, qué pasaría con la salud, con nuestras sociedades, con nuestras relaciones interpersonales. Por ello resulta de provecho ser conscientes de nuestros rituales y del tiempo que dedicamos a ciertos pensamientos, resulta de gran ayuda para nuestro cuerpo y camino entrar en la dimensión de los recuerdos para revivir nuestras hermosas historias y no para revivir constantemente las dolorosas. Así crearemos mundos personales más equilibrados que vibren con amor y armonía, que produzcan cambio en el mundo.

Con estos conceptos me animaba a pensar cuántas personas serían conscientes de que sus rituales los llevan a una forma de vida, a una rutina de armonía o lo contrario, y me motivé para preguntar a algunos de mis amigos: «¿Qué habéis estado practicando con vuestros rituales? ¿Felicidad?». Y ahora te traslado la pregunta a ti.

Con todo lo aprendido, llegó un momento en que establecí con propiedad una sana relación con mi cuerpo físico. Le reconocí su condición: ser Sustancia Divina. Su inteligencia nata hace que nuestro cuerpo funcione de una forma maravillosamente sincronizada. Ese reconocimiento respetuoso le enviaría siempre un mensaje de aceptación y amor. Observaría su encanto Divino y no sus imperfecciones. Aunque nunca había sido irrespetuosa ni conmigo misma ni con los demás, no hablé más sobre la apariencia de una persona, excepto cuando tenía algo agradable que decir, y que la hiciera sentir bien, eso me incluía a mí misma. Le enviaría a mi cuerpo cada día un mensaje alentador, delicado y respetuoso, eso no tenía que ver con que coincidiera con los estándares de belleza impuestos por la sociedad. Me permití contemplar la exquisitez de Dios en el cuerpo de un ser humano. Aprecié la belleza en los demás y en mí, sin orgullo o vanidad, con humildad y con amor. Hablé con mis células, les recordé su condición de sabiduría y perfección, les recordé que son Sustancia Divina, con toda legitimidad porque hacía poco había comprendido que era posible una comunicación con mi ser corpóreo, les pedí firmemente y con constancia su apoyo para mantenerme sana y delgada.

Para mi sorpresa, éste entendió más rápido de lo que me imaginaba, permitiendo a la vez que mis curvas latinas regresaran organizadamente. Coincidirás conmigo en que, aunque el tema parece trivial, una mala relación con su hermoso cuerpo físico causa dolor a muchos humanos, mientras que una mayor conciencia sobre esta cuestión genera salud física, mental y emocional. De estas formas y con constancia, le di independencia a mi cuerpo físico para que se mantuviera sano aun cuando cualquier factor emocional pudiera afectarme. El cuerpo escucha.

En esos momentos coloqué en mi mesita de noche uno de los varios portarretratos que tenía en mi hogar para exhibir las frases oportunas que perpetuarían en mi mente, para recordarme lo aprendido o para ayudarme a prestar atención para lograr experimentarlo:

Soy feliz,
Vivir es mi deleite.
Habito en el mundo de lo posible…

A esas alturas de mi vida, siempre que lo leía, me preguntaba: «¿Qué crees que es posible, Eliza?», y me encantaban las respuestas porque eran muchas y mágicas. Esta pregunta también te la hago a ti, lector, quizás antes de expresar la respuesta necesites cierto tiempo, quizás usar algunos pensamientos osados, varios sabios, ningún limitante: «¿Qué cosas positivas crees que son posibles en tu vida? Porque ello vas a vivir».

Capítulo 7

PROGRAMARSE PARA JUGAR
Y CELEBRAR

Ya en esa época, empezó a esbozarse la idea del tiempo sabático y una cierta impaciencia por ponerme a escribir, pero como suele suceder algunas veces no encontraba aún la manera de hacer compatibles mis responsabilidades del momento con permitirme vivir ese sueño. Más adelante entendería que esa nueva etapa dentro de esta gran aventura que es la vida estaba reservada para un lapso en el que mis paradigmas o esquemas eran otros.

Conforme a la promesa de fidelidad y de constancia del sol y del viento, de la lluvia y de un cielo azul, varios años habían pasado con su presencia, los susurros del viento y los constantes amaneceres y atardeceres se habían llevado la infancia de Gabriel y una etapa de mi vida, ahora él estaba estudiando ya en una universidad fuera del país y a mí la juventud aún me acompañaba en el cuerpo y en el alma. Luego de chubascos, nubarrones, también de grandes festejos profundos, un agradable sosiego se sentía en el ambiente, permitiendo vislumbrar sutilmente una claridad distinta. Decidí alquilar la casa, y comprar un departamento en la misma zona donde había adquirido el primero. El ascensor llega directamente al departamento. Los muebles de madera, realizados en su gran mayoría por las manos prodigiosas de artesanos de mi país, son clásicos de un estilo inglés. Apenas se entra, se puede apreciar una lámpara que cuelga del techo sobre la mesa del recibidor, detrás, un maravilloso mural de un artista de manos mágicas no muy conocido, nacido en mi ciudad natal. El mural, un recuerdo de la época de la tienda de arte en el aeropuerto, luego convertida en un *duty free shop*, muestra una escena del baile del Tucumán, de una de las culturas indígenas de mi país, o baile de las cintas, ejecutado también por varias culturas en el mundo. En el mural, las cintas con las que los bailarines entretejen el intrincado patrón al ritmo de la música, que simboliza la unión de los pueblos, eran de un rojo intenso.

Una tranquila tarde de sábado, reflexioné sobre la importancia del hogar, de las asociaciones que nuestra mente hace con ese espacio tan especial, en consecuencia decidí ponerle nombre. Consciente por mi propio bien del poder que tiene la mente, usaría para tal noble tarea programación mental para ayudarme a vivirlo. Me paré de espaldas a la puerta principal. Empuñé una pluma imaginaria y dibujé su nombre con letras grandes y muy redondas. Como aquel departamento sería copartícipe de la experiencia de vivir mi felicidad y mi alegría interna, lo llamé FELICIDAD. Para ese entonces, yo ya estaba recorriendo el camino de generarla en mi interior, porque iba comprendiendo cada vez con mayor conciencia la responsabilidad de no depender de las circunstancias o de la meditación para sentirla.

Haciendo todo un ritual, brindaríamos juntos con *champagne* por su nuevo nombre. Me dirigí a la planta baja, bajé del ascensor, saludé al portero. Él me contestó con una sorprendida sonrisa, con la incertidumbre de no saber qué es lo que estaba haciendo al bajar y subir de inmediato, supongo que pensó que había olvidado algo. Subí nuevamente, abrí la puerta, di el primer paso ¡con el pie derecho!, cerré los ojos y guardé, «anclé» ese momento feliz. Con la copa llena del burbujeante líquido en la mano me dije que cada vez que entrara en mi casa sabría que vivía en la «Felicidad»; de esta forma, programé mi mente para que recordara esa sensación. Cada vez que llegaba a mi hogar, ¿cuál era el pensamiento inicial al dar el primer paso? ¡Exacto! Mi mente lo aceptó de inmediato y ¿adivina qué vivo en el lugar?

Reconozco que esa noche se me confundieron un poco las matemáticas, el dos parecía un tres, luego un cuatro, finalmente el seis es el que reemplazó al dos. Yo sabía de esa ciencia exacta, en especial el número dos, porque era el número de copas precisas y suficientes para que mis neuronas me procuraran el disfrute de cualquier celebración pretendida con cordura. Entre el nombre del departamento, la mezcla que hice, cual Dj aficionado y entusiasmado, combinando los ritmos de la música de Marc Anthony, Shakira, Ricky Martin, Fonseca, Carlos Vives, Celia Cruz, Chayanne, Michael Jackson, los Beatles; y, el baile continuo, dejé de lado a los antiguos sabios de las matemáticas y a Pitágoras y reinventé el cálculo y hasta los números. Puse el número seis en lugar del dos sin el menor escrúpulo, quien sabe dónde puse el dos, o si luego cambié el seis por un número mayor, lo que sí sé es que esa vez el orden de los factores alteró el producto, porque el contenido de la botella fue bajando. Sin considerar mi salud, ya que la ingesta de alcohol no me resultaba al día siguiente nada cómoda, porque, aunque algunos tienen la capacidad de aguantar esos feos malestares, mi cuerpo no era nada condescendiente con ellos. Esa noche los pensamientos divertidos se juntaron con los irresponsables, alentándome cada vez que llenaba mi copa. Supongo que el departamento estuvo algo extrañado. En ese estado de algarabía, sabiendo que Julieta estaba sola porque su esposo se encontraba de viaje, la llamé. Al escucharme con una alegría causada por motivos inusuales, se preocupó y pensó que debía acompañarme. Cortando la llamada, llegó luego de un momento; trató hasta de hacerme algún tipo de tratamiento terapéutico preguntándome qué es lo que pasaba para que una persona como yo, prácticamente abstemia, hubiera decidido dedicarse a beber sola. «Nunca has necesitado el alcohol para divertirte, qué ocurre», dijo. Yo trataba entre risas de explicarle que era un caso aislado, que era obvio que al no estar acostumbrada a ingerir alcohol, éste se me subiera con facilidad a la cabeza, aun cuando a alguien pudiera parecerle que la cantidad no era tanta o que el tipo de alcohol no era tan fuerte. «¡No has bebido tanto!», dijo mirando la botella. Con dudas me escuchó cuando le dije que la ingesta de la burbujeante bebida se debía al festejo por el nombre del departamento, a pesar de que dicen que el alcohol es el suero de la verdad. Mi imagen sobria no concordaba con aquella explicación. Supongo que en algún instante de la terapia tomó conciencia de que aquél no era el momento preciso para que yo dejara la risa y pudiera tomar en serio sus concienzudos comentarios. Ya no continuó con su interrogación. Como era de esperar, al día siguiente, mi cabeza me hizo sentir con rigor que en realidad ésos debían ser casos aislados, porque el «sentir morirse» no es algo que le fuera agradable.

Cuando me levanté, al dirigirme a la cocina, vi a Julieta dormida en la habitación de huéspedes en compañía de Aladino. Se había arropado con un *sleeping* azul y morado que tenía un diseño gigante de ese personaje infantil, el cual tomado de las historias sirias de *Las mil y una noches*, Disney había caricaturizado y popularizado, que había sido de Gabriel. Ella luego explicó que el cobertor de la cama era muy delgado y sintió frío. Había tomado el *sleeping* porque no encontró en ese momento otras mantas; ésas estaban disponibles en el armario de ropa blanca ubicado fuera de esa habitación. «Me escondes las mantas y me haces venir en medio de la noche a dormir con Aladino», dijo después durante el desayuno, con su usual sentido del humor.

La escena de Julieta arropada con el personaje de caricatura me hizo sonreír, hasta reír. Pensamientos de absoluta ternura me invadieron: «Qué maravilloso que exista la amistad». Demás está decirte, que una vez más me quedó clarísimo que el alcohol no liga conmigo.

Al día siguiente, en sano juicio, volví a empuñar la pluma imaginaria, volví a escribir el nombre del departamento en la entrada, para «anclar» nuevamente el sentimiento sin los malestares ocasionados por la celebración anterior y así recordar siempre con delicada emoción su nombre. Esta vez lo celebramos con té, luego de una pequeña risa compartida por lo sucedido, el departamento me hizo un atractivo, cómplice y sereno guiño. Desde ese momento, empecé a poner nombres. Hice el ritual, en la entrada de mi oficina, llamándole «Satisfacción». El trabajo debía ser más que una responsabilidad, una satisfacción y hasta una diversión. Recibió ese nombre no sólo debido a mi juego con la existencia, sino a que murmullos de practicidad y precaución me lo susurraron al oído. Sin importar cuál sea la labor, pasamos tanto tiempo inmersos en ella que no es práctico permitir que el tedio estropee la actitud y que malas actitudes estropeen la vida.

«Gratitud» sería otra de las denominaciones, porque me había quedado bien claro que es una cosa muy seria. Aunque no era precisamente mi costumbre, por lo general, su presencia es convocada casi solamente cuando se celebra una victoria o un acontecimiento –algunas veces ni siquiera tras esos sucesos– o como prevención al sentir bendición por no vivir desgracias similares a las que viven otros humanos, o cuando los infortunios no fueron tan desdichados.

En el devenir cotidiano, si no se está atento, son muchas las veces en que el olvido se adueña de ella, a pesar de que su rostro es el que realmente trae fortuna. El agradecimiento había logrado para mí alquimizar las experiencias vividas. Para contar constantemente con el honor de su presencia, frente a los detalles pequeños o grandes de la vida, llamé «Gratitud» a mis manos. ¿Hay algo más útil y hermoso que las manos humanas? Su razón de existir es el arte, el arte de vivir y de crear, no el de empuñar armas.

Había encontrado la forma de recordarle a la mente todos los días que lo que yo estaba viviendo y lo que pretendía vivir era: felicidad, satisfacción y gratitud, no llamé a nada «Amor», porque ése era la esencia de la vida y yo quería que esa esencia se hiciera notar en todas partes para que lave las actitudes que lastiman a la humanidad.

A más de un amigo, sin pretenderlo, lo obligué con mis juguetones comentarios a reflexionar sobre los nombres que mi hogar y trabajo habían recibido. Más de uno observó que el nombre que implícitamente e ignorado que tenía su hogar o lugar de trabajo no era agradable, a pesar de desconocerlo, ello estaban viviendo. A más de uno le movió el piso. Procedieron de inmediato a cambiarlo con toda la toma de conciencia que implica, a sostener el nuevo nombre en la mente y en las actitudes, con constancia para buscar y lograr vivirlo, o a tomar decisiones. Otros, sin importar cuán grandes o pequeños fueran sus hogares, cuán decorados o no estaban, les encontraban de inmediato el nombre: Paz, Tranquilidad, Alegría, Templo, Apoyo, Calor.

Ese departamento se percibía distinto, podía saborear el gusto de una mayor conciencia, oler el aroma de la flor de la alegría, podía sentir la complacencia de un ser que iba encontrándose a sí mismo. Con ese sentimiento, una mañana de sol indeciso, reparé en el simbolismo que para mí tenían algunos objetos decorativos que se exhibían en él. Una pequeña cabeza de Buda sobre una impecable mesa que, ubicada entre los muebles, dividía la estancia en dos salones, inmortalizaba las bondades de la serenidad y de la maravillosa iluminación. Una escultura de Tara, la diosa de la compasión, comprada en una tienda de antigüedades en Puerto Rico, me recordaba lo que en una época se me había confundido. Una bailarina indonesia, que se aguantaba en un pie con los brazos abiertos, representaba para mí el equilibrio, difícil de vivirlo del todo en este plano, pero experimentable en función de cuidar mis pensamientos y estados emocionales, mi campo vibracional. Un lindo portarretrato con las fotos de mis padres biológicos y con la de los adoptivos perpetuaba la generosidad del Universo al haber tenido quien me cuidara, sin importar cuáles habían sido las circunstancias. Una pequeña «lámpara de Aladino», hecha de bronce, destacaba en una de las mesas esquineras. La compré en Egipto. En su parte delantera, en el idioma de ese país, muy lejano al español, exhibía a través de un delicado relieve el saludo popular de esa nación: «*As salam alaikum*», que significa «la paz sea contigo», una de las pocas frases de la lengua árabe-egipcia que aprendí de inmediato, tal vez a causa de que concordaba con mi filosofía de la vida. Alguna vez que miraba la pequeña lámpara, mi mente recordaba que en aquel encantador y hechizante país había recibido la más extraña propuesta.

Un día, en el Saraya Gallery, un café que se encuentra en la parte baja del otrora Palacio Al Gezirah, hoy parte de la cadena Marriott, en el que me había hospedado, tomaba un café turco bastante fuerte con unos deliciosos bollos que recién salían del horno y otros deliciosos bocadillos, junto con varios comensales que conversaban alegremente en las mesas de enfrente. Todos estábamos en compañía de unos personajes muy especiales, las gigantes pinturas de Napoleón y su esposa, la emperatriz Eugenia, que colgaban de una de las paredes del lugar por haber sido huéspedes del palacio. Cuando los cuatro hombres se levantaron de una de las mesas, uno de ellos ataviado con una túnica y un turbante blanco se me acercó con mucho respeto. En un español muy desastroso me ofreció cuatro mil camellos para desposarme. Claro, a causa de pertenecer a una cultura tan lejana a aquélla, me sorprendí. Yo supuse que me habló en español porque estuve conversando con Sherif, el camarero del Saraya en mi idioma natal y ellos estaban sentados cerca.

La noche que llegué al hotel, Hamadi Gamal, gerente de reservas, estaba presente en el *front desk* en el momento de mi registro. Debido a la afortunada coincidencia de que compartíamos la misma fecha de cumpleaños, a pesar de que yo tenía reserva para una habitación sencilla, me procuró una de las espectaculares habitaciones con vista al Nilo, en el piso catorce, en una de las dos torres que, modernamente equipadas, se erigían a la izquierda y derecha del hermoso palacio en donde se ubicaban las habitaciones. Esa coincidencia me ofreció el disfrute de unas maravillosas vistas del famoso río. Cuando él vio mi pasaporte, se estableció una simpatía especial que luego se fue convirtiendo en una amistad mantenida hasta la fecha a través de una buena herramienta, Internet. Unos días después, luego de comentarle sobre tal propuesta, Hamadi me indicó con total seriedad que el hecho de que me hubiera ofrecido esa cantidad de camellos significaba que estaba haciéndome una distinción porque era una suma muy alta para desposar a una mujer, por tanto, era un gran piropo. Yo me quedé seria, respetando su cultura, porque en verdad son temas culturales los que con frecuencia distancian a los humanos, no obstante, en ese mismo momento, sentí como si un puñal me atravesara el corazón al pensar que aún hoy muchas mujeres viven esas prácticas aunque no fuese a cambio de camellos.

A los pocos días del regreso de aquel viaje, estallaron los conflictos políticos en El Cairo. Mi interior se estremeció con la noticia y aún se estremece con los acontecimientos posteriores, y siempre tocando mi corazón, digo: «*As salam alaikum*», amado país, «*As salam alaikum*», amado mundo.

En otra pequeña mesa, se veía un candelero bonito, nada costoso, obtenido con mi primer sueldo de gerente de Marca, cuando la vida económica empezó a cambiar; me recordaba la humildad –muy necesaria en esta tierra–, el tiempo en que no tenía recursos, cuánto había recorrido y la importancia de tomarnos en serio nuestros sueños del corazón, haciendo uso de una porción de libertad con sensatez. Miguel, amigo sincero desde hace años, decía que si luego de todos los desafíos que se habían presentado en mi camino, no me endurecí y le daba a la vida su merecido reconocimiento, por ser también «de naturaleza bella y bondadosa», entonces había aprendido; si no era así, aún faltaba aprendizaje. Yo bromeaba diciéndole que con semejante sentencia qué creía él que yo haría. Rápidamente, le di a la vida el debido reconocimiento, no fuera a suceder que se tomara en serio las palabras de Miguel, y se pusiera nuevamente a enseñarme con el método antiguo de «la letra con sangre entra». Lo hice con una pícara sonrisa, descubriendo que aquello había pulido mi fortaleza sin provocar insensibilidad, fortaleza que yo empezaba a usar con comprensión. No pretendía darles a aquellos objetos más importancia de la que tenían: ser recordatorios, el desarrollo de las virtudes en ellos representadas era mi responsabilidad.

Cuando visité mi actual departamento en venta, una mezcla de colores muy oscuros lo hacía lucir antiguo y apagado. No obstante, dado mi interés en la decoración, pude apreciar todas sus virtudes. Me anticipé a su cara pulida, a su belleza escondida detrás de ese velo que lo apagaba. Cuando Sofía lo vio, una vez comprado y vacío, su expresión, por mucho que tratara de ser discreta, se tradujo en un silencioso comentario que expresaba: «¿Qué le has visto para comprarlo?», aunque no dijo nada. Yo volví a mirarlo y, claro, ya no me pareció tan deslumbrante. Su reacción influyó en mí. Es muy usual que la opinión de otro apague nuestro entusiasmo. Regresé sola otro día, para iniciar el diseño. Los recursos económicos ya no me permitían contratar a un diseñador. No puedo decir que tal tarea no me encantaba. Con la ayuda de libros decidí hacer de diseñadora y de pintor durante los sábados, en que cambiaba mi escritorio y atuendos de empresaria por la espátula y la brocha, empolvándome «hasta el alma» junto con los obreros que me ayudaban con la remodelación. Para todas las cuestiones de estructura, solicité la colaboración de Eduardo. Hice lo que hay que hacer para cambiar el diseño, eché abajo varias paredes y no erguí casi ninguna otra. Finalmente, cuando se terminó el arreglo, cuatro meses después, en los que gentilmente Sofía me ofreció su casa para alojarme y donde viví junto a ella y a sus dos hijas alegremente, todo lo proyectado por mi mente y mucho más salió a la luz.

Un par de días después de mudarme, un domingo, me senté en la sala con mi primera taza de té preparada en la recién inaugurada cocina, y miré la belleza que develó el lugar. Mi mente y mi Ser Interior me proporcionaron una comparación con los seres humanos. Al principio, me quedé atónita, ¿se podía comparar a un ser humano con un lugar? No me parecía muy respetuosa la comparación. De pronto, imaginé a Miguel Ángel ante una gran pieza de mármol, los demás no veríamos nada y él vería vida, belleza, encanto. Ya no empezó a parecerme tan poco apropiado. ¿Qué pasaría si cambiáramos las perspectivas?

¿Qué pasaría si nos permitiésemos traspasar ese velo de las creencias y miráramos quién es realmente ese ser? ¿Cómo sería cuando hubiera enfrentado sus sombras, sanado las heridas y elevado su conciencia? ¿Cómo seríamos nosotros mismos si echamos abajo algunos muros y no construimos apenas ninguno más? ¿Cuánta belleza, cuánto encanto si nos permitiéramos mirar detrás de ese velo de imperfección de ese ser, incluyéndonos? Tal vez, la vida en el planeta cambiaría. No estoy segura de si un artista compararía una obra de arte con un ser humano, pero quizás no era inapropiado: al fin y al cabo, somos la obra de arte de una Energía Superior.

Días después coloqué en una pequeña mesa del salón, con fácil acceso a mis ojos para ayudar a «programar» mi mente, otro portarretrato con una nueva frase de mi autoría, que me recordaba lo que quería lograr:

Que mis ojos sean capaces de ver
a través de la imperfección humana
la esencia del Ser,
la perfección de Dios y la belleza de la creación.

Sí, ya sé que eso resulta un poco difícil sobre todo con ciertas personas, incluso con nosotros mismos, cuando nuestras actitudes no son de lo más sensatas, pero aquella simple reflexión empezó a cambiar la intención de mi mirada.

En una ocasión, el nuevo gerente comercial del aeropuerto, me dijo:

—Siempre estás feliz, ¿cómo lo haces?, ¿qué te hace feliz?

—Muchas cosas me hacen feliz –contesté.

—Dime una –me dijo.

Como era lunes, pensé en la tarde del día anterior. Recordé el sol entrando en mi hogar y a mí con una taza de té en la mano. También, pensé en el nombre de mi departamento.

—El sol entrando por mi ventana, en la sala de mi casa, en un domingo por la tarde –le contesté con una sonrisa sutil.

¡Era verdad!, eso me hacía feliz. Como él era poseedor de una gran calidad humana mezclada con sentido del humor, me dijo:

—Entonces mañana me mudo a la sala de tu casa. Yo reí, pero me quedé pensando, sin decírselo, porque quizá sí se trataba de mudanzas, de mudar a esa Luz del exterior donde creemos que existe al interior del ser donde verdaderamente está, y allí encontrar la paz y la felicidad.

Capítulo 8

UN NUEVO CÓDIGO DE VALORES

Era una tarde lluviosa en Miami. Sentada en la sala de embarque del aeropuerto, esperaba abordar el vuelo hacia Madrid, las horas se hacían largas y un clima caprichoso mantenía a los aviones en tierra. Varios pasajeros ya habían leído, comido, hecho la siesta, al igual que yo. Algunos estaban tan cansados de la espera que se acomodaron desaliñadamente. Sin sentir ya la presión de viajar con el tiempo siempre corto de antaño debido a tener un hijo pequeño o adolescente, decidí darme tres de días antes de la convención mundial de aerolíneas a la que debía asistir. Entre el Museo del Prado, la deliciosa comida española y el acondicionarme a la diferencia horaria, esos días se acortarían más de lo que a mi alma de turista le hubiera apetecido. El clima cedió ante los ruegos de tanto viajero que miraba con desgaire al crepúsculo que avanzaba y permitió a los aviones despegar. Tras acomodarme en el asiento junto a la ventana, se sentó al lado del pasillo un hombre alto, sus cabellos del todo canos le otorgaban suavidad a su manera impecable de vestir, de estructura medianamente corpulenta, su tez lisa le restaba años a su verdadera edad, que superaba los setenta, según supe después. Nadie se sentó en el asiento de en medio. Alejandro era español, regresaba a Toledo, otrora capital de España, luego de unas vacaciones en Argentina, donde vivió con Abril, su esposa, fallecida tres años atrás. Hizo una escala en Miami, donde visitó a su hermano, quien dirigía una empresa en esa ciudad. Yo supuse que se sentiría solo por la pérdida de su compañera de toda la vida.

—Dejé ir a Abril, como se deja ir a los grandes amores, con amor, no con dolor, lo cual no es igual –aclaró–. Para el amor no hay distancia, dimensión, espacio ni tiempo, el amor es regocijo, no dolor. No hablo solamente de los seres cuya decisión del alma es partir porque ya terminó su tarea a través de un ser corpóreo, sino de los grandes amores que por algún albur no perduran juntos.

La confianza se adueñó de la conversación como a la mitad del vuelo, haciendo a Alejandro comentar con cordialidad ciertos datos personales y los primeros años de su relación de esposo.

—Llevábamos ya muchos años juntos –dijo– y no lográbamos la armonía deseada, habían malos entendidos y «tropezones» que no comprendíamos del todo, a pesar de tener una relativa buena relación.

Juntos, como cada fin de semana en primavera, arreglaban el jardín entre risas y deleite. Allí, no había «tropezones», solamente regocijo. Con llenura de palabras y gracia relató que ese día en particular se paró frente a ella en medio de todas esas plantas que habían cuidado con esmero, y con fingida seriedad dijo:

—Siempre disfrutamos de esta tarea de ser jardineros y el resto de meses se apaga la emoción.

—Si –contestó ella, también lo he pensado.

—¿Qué tal si nos volvemos jardineros durante todo el año? Quiero decir jardineros de nuestra relación.

Abril rio.

—¿Te has hecho poeta? ¿O acaso has estado leyendo en exceso a Tagore? –repuso Abril.

Acabó la primavera se fue el verano y el ambiente, al igual que el clima, se volvió un poco gris. Esta vez, convertida Abril en poeta, aceptó la invitación.

—Decidimos que nos merecíamos un mejor vínculo de pareja que nos permitiría una mejor vida. Empezamos con observarnos a nosotros mismos y a dejar de centrar la atención en el comportamiento del otro, sin emitir opiniones sobre la información adquirida, para evitar que puntos de vista diferentes nos sacaran de nuestra consentida misión. Dejamos de lado esa lupa que nos hace centralizarnos continuamente en los pequeños detalles molestos, sólo para conseguir agrandarlos. Ésa era una tarea absolutamente individual y privada. Sin darnos cuenta, las pequeñas cosas irritantes del otro se fueron minimizando por no darles tanta vigilancia, íbamos entendiendo que nuestras diferencias no pueden convertirse en afrentas, con independencia de la decisión de estar juntos, los dos merecíamos libertad, libertad de ser. Esto nos permitió ser más considerados con el otro. Buscamos maneras de retirar cierta incomodidad interior, el objetivo era encontrar asociaciones, influencias, motivaciones nocivas; indagamos en los códigos de valores.

—¿Cómo que en los códigos de valores? –le pregunté, interrumpiendo el relato.

—Las creencias de una persona constituyen su código de valores. Muchas de ellas, aun cuando estamos muy seguros de que son nuestras, no necesariamente lo son. De algunas de ellas, no tenemos incluso el menor rastro consciente de que están allí, aun así, se vuelven paradigmas, patrones, lo bueno es que salen inesperadamente algunas veces cuando nos preguntamos de dónde viene una reacción. Si permanecemos alertas, tendremos el privilegio de notarlas, como si fuera un espectáculo en el que se abre el telón y deja al descubierto el escenario y sus actores y, por supuesto la trama. Algunas creencias resultan agresivamente limitantes, tal vez sabemos que están ahí, pero no hacemos nada por quitarlas –dijo Alejandro–. Por ejemplo, si pensamos que el dinero no ayuda a la felicidad, seas pobre o rico, no serás feliz; si no eres próspero, aunque quieras esa creencia no lo permitirá, te mantendrá limitado y tus acciones inconscientes se encaminarán a evitar la prosperidad, eso no te hará feliz. Por otra parte, si eres rico, te verás limitado de disfrutar de la felicidad, estarás siempre estresado, buscando más obligaciones. Imagínate si piensas que el dinero es sucio o crees en el famoso dicho de «pobre, pero honrado» en el mal sentido de la expresión. Eso deja fuera la posibilidad de ser próspero y honrado; no tiene sentido, eso es una elección propia, no tiene que ver con la prosperidad. ¿Qué tiene que ver con ello el dinero? Éste es simplemente intercambio energético, un medio para vivir en este plano terrenal, al menos mientras no se conozca otro sistema, si eso llegara a suceder. Asimismo, si piensas que la felicidad no existe o que no puede ser duradera, cuando te sientas feliz, empezarás a atraer problemas. Dichos populares como «Mejor solo que mal acompañado» dejan solamente dos opciones: o solo o mal acompañado. La gente, Eliza, repite los dichos populares con total irresponsabilidad y hasta con hilaridad, lo cual a mí me asusta —acotó con seriedad—. La vida escucha, es mejor enviarle mensajes convenientes. Por ejemplo, si crees que la vida es una lucha, vivirás luchando, si crees que es una guerra vivirás batallando, si una jungla, vivirás en el caos, si crees que la vida tiene sus acertijos, sus retos y aprendizajes pero que aun así es hermosa, vivirás sus retos y aprendizajes, descifrarás sus acertijos, pero vivirás también su bella naturaleza, entenderás que la vida, en realidad, es mucho más que nuestras concepciones de la lucha, comprenderás un día su real sentido.

Luego de oírlo, pensé con alivio: «¡Qué bien que no son ésas mis creencias!», de lo contrario, imagínate qué habría atraído para darme la razón? Tampoco expresaba sin pensar, con irresponsabilidad los dichos populares limitantes, al menos en esos momentos de mi vida. A mí, que estaba empeñada en avanzar en mi proceso de hacer desaparecer de mi vida esquemas de pensamiento o rasgos de personalidad que no me apoyaran en el encuentro con mi verdadera Esencia, me pareció una idea estupenda. Entre la comida que no suele ser de lo mejor en los aviones, el ignorar la película que en ese momento se exhibía y antes de una siesta, Alejandro continuó explicándome que uno tiene el derecho de quedarse con lo que le sirve, el derecho de escoger patrones o modelos de pensamiento que le hagan sentirse feliz, y ser eficiente con uno mismo, pero que hay que mirar en el interior de la cabeza con lupa, porque hay creencias que, disfrazadas de valores o principios, limitan, nos dañan a nosotros o a los demás, nos discriminan o discriminan a otros. Cuando me aclaró que los códigos de valores no son reglas o pensamientos, sino creencias, una forma de vida, lo que yace bajo las profundas motivaciones para interpretar el mundo, para actuar y reaccionar, me sentí agradecida de que, como consecuencia de mis reflexiones internas, esa tarea ya la había realizado en buena medida, aunque no la había llamado «código de valores» y no la había hecho de manera tan profunda.

—Hay que ser de lo más abierto y no limitante con el código, hay que tener cuidado con los mensajes culturales y la falsa moral –concluyó–. En el interior de cada uno existe un jardín, aunque la analogía ya ha sido hecha por varios autores y poetas, incluyendo a Tagore –dijo sonriendo haciendo alusión a la broma de Abril–, vivir ese poema desarrollando la tarea de ir retirando la maleza trae como consecuencia mucha paz y así podremos tener mejores relaciones, en especial con nosotros mismos.

Al finalizar el vuelo, tomó el libro, su acompañante en el avión, que había permanecido cerrado durante todo el trayecto, miró el número de la página, supongo que para recordar dónde quedó la lectura, retiró de la parte superior de esa hoja un hermoso separador bañado en oro en forma de flor y me lo dio. El separador de hojas era un obsequio de Abril. A mí me pareció casi un sacrilegio aceptarlo, y en un principio, me negué. Alejandro insistió, aclarándome que él había compartido una maravillosa vida con ella, no podía pedir más.

—A los objetos no hay que apegarse –dijo. A nuestra llegada, mientras sellaban mi pasaporte, recordé las últimas palabras de Alejandro cuando cerró mi mano con la flor dentro.

—Decide que quieres vivir la primavera del amor, no te conformes con menos que eso, para ello necesitas arreglar convenientemente tu jardín interior.

Aquella última conversación tan espontánea de Alejandro se debía a que él creía firmemente en las bondades del amor y, de alguna manera, quería motivarme, o era el Universo el que lo estaba haciendo, no lo sé, pero en esos momentos de mi vida una relación de pareja no tenía interés alguno para mí.

Mi mente de andares diligentes presionó unos días, cavilando sobre la idea. Una inusual noche de estrellas fugaces, me distraje un buen rato en la terraza del edificio junto con algunos de mis vecinos que, al igual que yo, habían salido a disfrutar de aquella fiesta estelar, de la lluvia de estrellas, varios de ellos acompañados de binoculares. Motivada por la inmensidad de la espectacular perfección del Universo, me dispuse a revisar mi universo personal, mis creencias y mi código de valores, ya consciente de que el sistema de creencias internas se vuelve un código, pudiendo constituir una cadena de lo más limitante, regresé al departamento y me senté en la silla de la cabecera, frente al ventanal y a la mesa del comedor de un grueso vidrio que descansaba sobre pedestales de madera.

Con papel y lápiz en la mano, concluí que a todos nosotros, los seres humanos, debería llegarnos un momento en la vida en que, por las buenas, y sin ser producto de ninguna crisis, nos sentáramos a ver qué habíamos grabado acerca de la vida, el dinero, el amor, las relaciones de pareja, la salud, el bienestar, la felicidad, la tierra, las razas, las diferencias de género, la humildad, la autoestima; qué dichos populares estaban metidos en nuestra cabeza, y compararlos con las vivencias y con el porcentaje de paz, de armonía, prosperidad, felicidad que nos permitían; con cuáles creencias queremos quedarnos y cuántas devolvérselas, con todo respeto, a padres, tíos, abuelos, sociedad o eruditos, porque de hecho hay varias que, aunque no causen crisis, estorban, y hasta nos hemos acostumbrado a sentir el estorbo con resignación. Había aprendido por otros procesos a distraer a la mente consciente para obtener información del subconsciente.

Me dispuse a buscar cuáles eran mis creencias actuales. No quise ni pensar en cuáles habrían sido las anteriores a enfrentar a los dragones. De cualquier forma, algunas de las que no contribuían a mi bienestar en buena hora ya las había quitado. Escribiría la palabra y anotaría lo primero que viniera a mi mente, sin parar y sin pensar, para que la mente consciente no interviniera, como si fueran un juego en el que debía llenar los casilleros con un tiempo límite. Empecé con:

Vida: lucha, esfuerzo, enfrentar situaciones.

Madre: sacrificio, amor.

Amor universal: sonrisas, apoyo, Energía Suprema.

Trabajo: esfuerzo, batallas, arduo.

Éxito: trabajo arduo, esfuerzo, lucha, batallas, curva de crecimiento, medición.

Dinero: comodidad, compartir, consecuencia.

Felicidad: posible.

Amor de pareja:

Amistad: compañerismo, tesoros.

Salud: manejable, sana comunicación con mi cuerpo.

Razas: creativa y divertida imaginación del Universo.

Poder: política, corrupción, egos exacerbados y miedos que se sirven de la manipulación.

Responsabilidad: obligación.

Actitud: con fastidio y frustración, estropean la vida.

Pensamientos: sin conciencia de ellos, juegan con nuestra mente, confunden, nos maltratan, nos hacen creer que es lo que somos.

Creencias: cristales por los que los humanos contemplamos la vida. Pueden ser herramientas que apoyen y liberen al mundo o filtros que encadenen, que nos aten y lastimen a la humanidad.

La normalidad: estereotipos, exigencias de la sociedad, lo políticamente aceptado.

Conciencia: valores. La falsa conciencia influenciada por la cultura, la filosofía, las costumbres o las ideologías justifica que se mate, se encarcele, se castigue, se humille, se discrimine.

Y así continué con la lista. Mientras ponía las palabras o algunas frases, fueron saliendo imágenes y dichos populares incrustados en mi cabeza. El amor de pareja no recibió respuesta; se quedó en blanco, lo cual llamó mi atención, antes creía que era difícil, ahora, aparentemente, no sabía qué creer. «¡Qué bueno», me dije al respecto, tomándolo con comicidad. «El lienzo está en blanco; en él puedo simplemente pintar otro cuadro y no tendré que quitar y regrabar algo». No importaba ya qué creencias habían sido nocivas, todas las que iban apareciendo y que no estaban contribuyendo en ese momento a mi liberación y a mi bienestar debían ser retiradas. Esa tarea no era para juzgarme, sentir culpa o miedo, sino para saber qué había estado viviendo, y para reformularlas a partir de allí.

Unos días acompañaron con sosiego mis decisiones para la reformulación de mi código. Coincidió con un curso de tres días en Valle Nevado, en Chile. Aquél era conocido como uno de los mejores lugares del mundo para esquiar; dado el país donde he vivido, no había sentido esas sensaciones cargadas de adrenalina que suponía produce el practicar ese deporte, y no estaba segura de si podría sentirlas en aquella ocasión, porque había una batalla en mi interior librada entre la cobardía y la intrepidez, y varias veces me parecía que la primera iba ganando, aunque la intrepidez también varias veces apelaba a mi sentido de la osadía.

Una de la montañas que parecía rozar el cielo acogía en su cima un atractivo hotel acicalado con la cautivante blancura del rostro del invierno. En ese juego eterno de creación de belleza de la naturaleza, suaves destellos de luz se reflejaban en la montaña en los pocos espacios vacíos de nieve, dejando a un color rojizo terracota anunciar el atardecer. Por las mañanas, no había mejor acompañamiento para ese glorioso escenario que se colaba por los amplios ventanales de habitaciones y del salón principal de comedor, que un delicioso y bien caliente café. La demanda de asistentes al curso ocasionó la necesidad de compartir habitaciones. Mi compañera de cuarto resultó una joven chiquilla colombiana, de nombre Emilia. Alegre y divertida, imitaba a su coterránea Shakira y bailaba cada vez que había algo de música. Tenía una figura femenina y voluptuosa, su cabello largo, liso y castaño claro, se recogía en una trenza que caía por el costado de su hombro izquierdo, sus mejillas sonrosadas exhibían un aire de niña traviesa. Hablaba con mucha seriedad sobre sus experiencias, hasta que oía música y sus pies acompañaban con rapidez el ritmo. El último día, parecía haberse sincronizado con mis intenciones y, como despedida, me regaló la frase perfecta para el momento, escrita en una pequeña hoja de notas del hotel: «Yo quiero mi camino de crecimiento en amor, en humor y en alegría».

—Espero que quieras algo igual –dijo al marcharse, dejando el papel en mi mano.

No sabía la procedencia de aquel pensamiento. La idea rondó en mi cabeza durante varios días. Estaba rehaciendo mi código de valores, la expresión me venía como anillo al dedo. Pensé: «Todos nosotros estamos haciendo un trabajo de desarrollo de conciencia, algunos quieren seguir haciéndolo inconscientemente, aceptando o culpando a la vida por ser de naturaleza dura, enganchándose con el drama como parte del camino; otros y yo hemos entendido, con el pasar del tiempo y con la poco agradable colaboración de los dragones, que es mejor realizar el trayecto conscientemente. De todas maneras, vamos a desarrollar la tarea de pulirnos, sabiéndolo o no, por las buenas o por las malas, mejor hacerla más fácil». En ese viaje, la batalla la ganó la intrepidez. Durante el fin de semana luego de finalizar el curso hice un rapidísimo entrenamiento de esquí, en las pistas reservadas para principiantes, junto con otros atrevidos y candorosos novatos como yo. Al bajar por la ligerísima pendiente para debutantes, sentí que iba a morir del susto, en esos momentos no me parecía tan ligerísima la pendiente como dijo el instructor.

—Hay que aprender a caer con gracia, tengan paciencia –nos decía para alentarnos al referirse a que está bien que caigamos, pero que hay que prestar atención a las instrucciones para no hacernos daño.

«Como todo en la vida», pensé.

Con gracia o sin gracia, como sucede en la existencia, el sentido de la dignidad o del amor propio me ayudó a reponerme de las bochornosas repetidas veces que la parte baja, posterior y pronunciada de mi cuerpo azotó con brusquedad y descortesía la helada naturaleza de la nieve. Agarrando primero al valor que parecía haberse escondido, creyendo ingenuamente que iba a poder librarse de mi perseverancia, me lancé por la pendiente. La cobardía se quedó perpleja y, a pesar de todo, la perseverancia de la intrepidez se llevó la victoria.

Conocía ya el poder de elegir, porque no es igual pedir que querer, y por supuesto no es igual querer que elegir, el elegir implica una toma de conciencia muy profunda de nuestra naturaleza real. Me apoderé de la frase de Emilia y dije:

—Elijo mi camino de crecimiento en amor universal, alegría, prosperidad permanente, paz, sabiduría, amor de pareja en plenitud, comodidad conmigo misma, armonía con los demás, claridad, equilibrio, salud de cuerpo y del alma. Le expliqué a mi Ser Interior que él me había enseñado que yo traía Esencia Divina; por tanto, me sentía libre de elegir con todo el derecho, en abundancia, de tal suerte que añadí con toda comodidad algunos otros atributos al enunciado inicial de Emilia. Cuando hube terminado, extrañamente dudé si no estaría siendo «demasiado generosa» conmigo misma y supe que de ahí venía la explicación excesiva que le di a mi Ser Interior sobre mi derecho de elegir en abundancia. «¿Le parecerá graciosa toda esa justificación?, me pregunté. Me respondí: «¡Claro que sí!».

Esta vacilación era lógica porque, como humanos, hemos estado durante tanto tiempo en la «esclavitud del no merecimiento», en la «esclavitud de la duda», de no sabernos suficientes para recibir creyendo que la paz, la prosperidad y el amor juntos no existen o son para otros, que si un área de la vida está bien, la otra tiene que desestabilizarse, que vivir en armonía, con satisfacción cada día, es para otros, para monjes, que la posibilidad de crecimiento del alma que conduce al nirvana o a la iluminación es para otros. Pero resistí a la tentación de vivir en las limitaciones de la mente, y mi Ser Interior me dijo: «¡Claro que es para otros, pero también es para ti!». Así, me puse firme y volví a elegir con todo amor, pero con firmeza y convicción. Entendía que esa elección traería algunos aprendizajes que debía afrontar, había que «pararse firme», «extender el paraguas» por si algo de lluvia cae, quizás sería necesario quitar cierta maleza para poder vivir ese postulado, eso estaba bien para mí. Después de aquel viaje y de la elección de un nuevo modo de recorrer mi camino, quedó claro que mi código interno debía ir en concordancia. Analicé las creencias y verifiqué cuáles permitirían, en definitiva, lo especificado en mi elección. Decidí quedarme con algunas creencias, quitar otras, modificar algunas más. Asimismo, cuando aparecía una determinada interpretación de la realidad que me resultaba limitante, que reducía mi ventana, me preguntaba por qué eso tenía que ser interpretado de esta forma, «quién lo dice, quién me lo había dicho y cuándo me lo dijeron». El subconsciente colaboraba y aparecían con facilidad la voz de mis padres biológicos y de los adoptivos; la voz de las monjas del colegio, de la sociedad donde crecí; de la publicidad y del *marketing* actual; la interpretación de algún «erudito». Miré de cerca esas ideas preconcebidas, limitantes, las quité todas.

Cómo fue que quedó en blanco el casillero correspondiente al amor, te preguntarás. Ahora mismo se va a aclarar tu duda, porque por supuesto el que la mente no sepa qué contestar no es una cuestión del azar. Si en estos juegos del amor humano –porque el amor desde la conciencia es diferente– más de un poeta ha quedado enredado, y eso que tienen herramientas, resulta lógico que los demás mortales algunas veces no atinemos qué pensar y creer de él. Lo que sí sabemos es que tiene un poder sobrehumano, es capaz de levantar hasta el cielo al más corpulento de los hombres o de las mujeres, pero también dejarlos caer con dureza sin mayor esfuerzo. Sin más preámbulo, relataré lo que provocó el casillero vacío, que quizá no resulte precisamente en poema, si acaso, en el poema de la vida.

El amor había visitado mi corazón unos años antes de conocer a Pierre. La relación era muy agradable en principio, la ilusión me invadió, debo reconocer que existieron avisos tempranos y hasta reflectores grandes de cierto comportamiento que no iba a permitir la fluidez de la relación. Qué puedo decir, los seres humanos muchas veces vemos lo que queremos ver y no vemos lo que no queremos ver, algunas ocasiones nos colocamos con cierta comodidad vendas rosas y otras veces, grises, ninguna de las dos resulta sensata. No fue un sentimiento de soledad lo que me indujo a vivir esa experiencia amorosa, sino aprendizaje, más cercano del que yo hubiera deseado, sobre la forma en que se manejan, o mal manejan los roles y sobre la importancia de tener claros nuestros apropiados papeles.

Discernir los mensajes enviados respecto de las relaciones cercanas, muy aceptados por el consenso colectivo, no resulta fácil, son muchos y el común de ellos promueve sentir «amores limitantes». Los amores respetuosos del ser individual que es el otro lucen fríos frente a ese imaginario, así la necesidad de control o invasión en las diversas relaciones, no solamente de pareja, sino también de padres, hermanos, hijos se hace común y hasta necesaria como prueba de amor o de cuidados. Resulta paradójico porque se supone que «el amor lo arregla todo». Lamentablemente, a pesar de que a nuestro romanticismo le cueste reconocerlo, hay heridas emocionales en el interior o conductas que dificultan tanto el entendimiento, que levantan una gran muralla que impide el accionar de ese amor que lo puede todo.

Bruno, educado y caballero; alto, de cabello castaño claro, atractivo y de buenos sentimientos. Hombre inteligente, a quien se le escapaba una inteligencia, la de los límites sanos. Su concepto del amor no dejaba espacio para que comprendiera que al ser un adulto, sus hermanas o exesposa no podían invadir sus espacios. Ningún actor de esa película estaba enterado de la condición especial que constituye la naturaleza del amor: la generosidad. Bruno cayó en la manipulación de afectos y sentía culpas, una de ellas era provocada por la madre de su hijo, a pesar de ser un padre responsable. Para huir de estas manipulaciones, buscaba estar siempre estresado y tensionado, si no era por una cosa, por otra. Yo tenía también una relación de expareja y no se me hubiera ocurrido manipular la bella mente de mi hijo para lograr nada, ese enfoque dificultaba comprender la situación. Desde que tuve que afrontar la vida con sus bemoles, joven, lejos de la familia y luego sola, debido a mi personalidad firme, dispuse de una buena dosis de esa inteligencia. No permití que nadie me limitara en mis decisiones o invadiera mi derecho a la individualidad o privacidad; por esa suerte de experiencias, tampoco entendía por qué un hombre con personalidad la perdía frente a esos malos juegos. No niego que en varias oportunidades estuve a punto de caer en la tentación de poner yo los límites que él no ponía. Uno que otro pensamiento juicioso y moderado intervino, echando abajo la protesta que pretendían iniciar los pensamientos incitadores de una revolución, en la que no tenían arte ni parte. Para huir de esos enredos, Bruno se hundía en el estrés del trabajo y no se permitía disfrutar en paz. Parecía que todo el tiempo necesitaba más estrés, su excesiva preocupación por su trabajo era su mejor excusa para no afrontar la situación. Aquella relación no fue muy grata. Observé con cierto detenimiento esos juegos familiares que presionan a sus miembros mediante la censura para que no salgan de los esquemas establecidos so pena de ser echados del «paraíso» –como dice algún autor–, quiero decir, de la aceptación familiar. Entendí que esto no ocurre por maldad, sino por el «tamaño de las ventanas», por la rigidez de pensamiento, pero causa dolor. Más tarde, me costó aceptar que atraje a mi vida a alguien que no sabía disfrutar porque tampoco yo lo hacía muy bien. Lo asimilé cuando ya no era presa de culpas, diciéndome «no pasa nada», resolviendo continuar sin ningún reproche, pero sin dejar de entender el aprendizaje.

Toda esa experiencia me hizo meditar sobre cuánto dolor podría causar la confusión de los roles que cada ser juega en la vida del otro, cuánto dolor podrían causar padres controladores o censuradores a sus hijos adultos y cuánto dolor se causaban los hijos adultos que no ponían límites adecuados a sus padres. Observé cómo se dañaban a sí mismas las exparejas en su intención de manipular al otro y, como consecuencia, dulces niños se hieren. Comprendí el conflicto que podían provocar hijas que pretendían ser esposas de sus padres, o madres como esposas de sus hijos. Cuánto se perdían del éxtasis de un amor sano las mujeres que confundían su rol de compañeras y amantes por la de madres controladoras, y cuánto las parejas que cambiaban sus roles por el de padre-hija. Cada uno a cumplir con su rol con mucho respeto y no ir más allá, eso es ¡amor real! Vivir solamente con primeras intenciones, porque las segundas atraen dolor, y no hay acción que quede sin reacción. A sembrar paz, para vivir de la misma forma, y a quien la vida le ponga a practicar la firmeza usarla sin reparos, con toda la fortaleza y comodidad, eso es «sensatez», también es amor, amor a uno mismo y a los otros seres involucrados en esas relaciones conflictivas, porque en estos círculos viciosos nadie gana, todos pierden, todos sufren. Eso aprendí de esa dolorosa vivencia.

Resulta lógico deducir, el vínculo no duró. Nos dijimos adiós con un sentimiento mutuo en el alma, pero nos dijimos adiós como se dice a quien se ama o amó, con generosidad. Puse varias tiritas al corazón esperando con alguna paciencia que sanara, dándome todos los abrazos que pude, diciéndome «yo te amo Eliza, no pasa nada, todo está bien». Hice la toma de conciencia del aprendizaje de aquella ruptura, iniciando con una profunda reflexión, sin miedo, con valor, sin autoengaño, liberándome para no ir en pos de otra historia igual, para que no quedara una cicatriz que impidiera volver a amar. Con el proceso en que me había embarcado llegué a permitirme la creencia y sensación de lo «entero», que me conduciría por mejores caminos hacia una noción más clara de la libertad. El ir encontrando el amor por mí misma de una manera más consciente, retiró espontáneamente la necesidad de completarme con alguien más y la reemplazó por la maravillosa preferencia de compartir con otro una mayor llenura del ser. En el nuevo código de valores, al casillero del amor le sería adjudicada una hermosa palabra. Para llenarme de ese amor por mí misma decidí confrontar los patrones provenientes del consenso social que nos hacen creer que el amor está sujeto a ciertas condiciones. El amor por el propio ser no solamente permite aprender a través de formas más benévolas, sino que también ayuda a cortar varias cadenas de dolor, porque, de hecho, la falta de amor por uno mismo tiene una afectación en el entorno, en nuestras relaciones cercanas, sin embargo, hemos recibido al respecto mensajes ambiguos o contrarios. Fui consciente de que es productivamente sano albergar la creencia de recibir amor gratuito, de ser ¡digno de amor!, de un amor no juzgador, de uno no condicionado, pues el amor real no tiene esas categorías radicales que le impone ese consenso colectivo y que nos son transmitidas a lo largo de la vida de diversas formas y a través de diversos personajes, mensajes que se deslizan en la mente dando la connotación de que ese merecimiento está atado al desempeño, a ser o a hacer algo para recibirlo. El amor ama cuando hemos sido exitosos y cuando no. Ama cuando hemos sido sabios y cuando no, cuando hemos tomado decisiones acertadas y cuando no. El amor ama cuando se nos ha antojado ser muy conscientes de nuestros pasos y cuando hemos metido la pata, con antojo o sin antojo. Ello no implica ningún riesgo —me dije— porque amarse a uno mismo provoca buenos sentimientos, los buenos sentimientos causan buenas actitudes hacia uno mismo y hacia los demás. Empecé a sentir que siempre estaría rodeada de amor, porque ello ya no dependía de otro, sino de mí y de esa conciencia elevada, y desde allí, sólo se ama, sin prejuicios, sin condiciones.

Una de las más arraigadas y duras creencias de reestructurar fue la del esfuerzo. Sólo pronunciar la idea causaba polémica. Así, frente a brisas de cambio a patrones más productivos, le salían al paso «ideas péndulo» haciendo que el quitar de la mente la asociación del esfuerzo frente al logro, para evitar sufrimiento y, alcanzar victorias con paz, se volviera un promocionar la vagancia o la mediocridad, que es a lo que los seres humanos, apegados a la eficiencia, le tememos. Por eso, nos relacionamos bien con el estrés, porque creemos que la paz puede provocar ineficiencia, descuido. Confundimos la paz con la pasividad ignorando que un excesivo sentido del esfuerzo puede derramar dolor en la propia vida y enviarlo al mundo, volviendo oscuro un caminar que puede ser luminoso y, puede robarse esas exóticas emociones que produce la inspiración que se desborda en chispazos de creatividad y en una férrea voluntad.

Durante ese pequeño trajín mental para completar mi cambio de creencias, recordé varias tardes con Ángela y mi tía Violeta, hermana de mi madre, novicia y luego monja devota, a quien me unía un mutuo especial afecto, en las que con las mejores intenciones de protegerme y prepararme para el futuro, pero con errados conceptos, me aleccionaban sobre lo difícil de la vida, sobre esfuerzo y sacrificio. Por una suerte de cansancio vespertino y el tibio salón soleado que acompañaba a mis oídos somnolientos, no se sembraron en mi cerebro casi adolescente esos conceptos, de los que ellas eran presas y que luego de mucho lo comprendí con ternura. Aun con ese resguardo intuitivo que me hacía no escuchar esos comentarios y, aun cuando entre somnolencia y somnolencia acertaba a decir que lo entendía todo para que no me lo repitieran, algo debió calar para que me sea tan difícil dejar conceptos de sacrificio y esfuerzo. «Es que también el consenso colectivo impone, son profecías autocumplidas», decían varios pensamientos incitadores del buen uso del discernimiento. Empujé con firmeza ideas antiguas para facilitar mis senderos y conseguir desarrollar con éxito, de manera más armónica, menos dificultosa, mis proyectos y el encuentro con una mayor conciencia. Ubiqué un nuevo portarretrato en el buró, sería el último, de lo contrario mi hogar parecería una tienda de portarretratos, y medité sobre a cuántos le serviría mi éxito en las diferentes áreas de la vida y cómo lo es para tantas personas, caí en la cuenta de que les serviría a muchos.

«Sé lo más exitoso/a posible con nobleza,
porque tu éxito también le sirve a los demás».

Así retiré de mi código, un caminar a través del esfuerzo y lucha por un caminar a través de la inspiración, que suele tener un gusto exquisito, a tónico para el alma, dulce y reconfortante, porque la inspiración y los sueños usan una herramienta poderosa: el entusiasmo. Y el entusiasmo, no es esfuerzo, no es sufrimiento, no es obsesión.

Los artículos del nuevo código eran pocos. Había decidido quedarme con creencias que incluyeran amor y respeto por mí y por los demás. Las que sobraban, por constituir interpretaciones de la realidad de otros, de personas o sociedades, o de un nivel distinto de mi propia conciencia del momento, fueron retiradas, quedando entre unas pocas más éstas:

Vida: maravillosa celebración de la existencia mientras aprendo y crezco, sutil expresión Divina.

Amor universal: respeto, comprensión, sonrisas, responsabilidad y compasión.

Madre: amor.

Trabajo: satisfacción, diversión.

Éxito: gratitud por todo lo que tengo y experimento. Encuentro con mi Sabiduría Interna. Inspirarme y amarme para alcanzar mis sueños.

Dinero: comodidad y confort, compartir, consecuencia, lo tengo por elección.

Felicidad: posible cada día, depende de mí.

Amor de pareja: plenitud.

Amistad: compañerismo, apoyo, tesoros.

Salud: manejable, sana comunicación con mi cuerpo.

Razas: creativa y divertida imaginación del Universo.

Verdadero poder: fuerza interior libre de vanidades y mezquindades.

Poder/política: esperanza afincada en que la raza humana encuentre el verdadero poder y la conciencia.

Responsabilidad: gran dosis de amor que nos hace ser eficientes para nosotros mismos y para el mundo.

Yo: un ser de Energía Suprema.

El otro: un ser de Energía Suprema.

Autoestima: valoración con humildad.

Pensamientos: con conciencia de ellos, agradable juego con la vida, risa, lo que podemos llegar a ser.

Creencias: cristales por los que los humanos contemplamos la vida, amalgamadas con sensatez, benevolencia y amor, pilares que apoyan la felicidad y la paz interna, liberan y sanan al mundo.

La normalidad: no existe, cambia cada año, cada década, cada siglo, con cada generación, afortunadamente, cambia con la evolución de la conciencia.

Conciencia: luz, respeto, amor, benevolencia, para conmigo mismo y para con los demás, apoyo desinteresado a otro. Avanzada sabiduría que echa abajo la moralidad que es falsa conciencia.

Espiritualidad: hacer uso de los atributos del Espíritu.

Atributos del Espíritu: respeto, bondad, generosidad, comprensión, compasión.

Cuerpo físico: expresión perfecta de la exquisita inventiva de la creación, a quien le debo respeto, valoración y cuidado. Sustancia Divina.

Gratitud: disfrute sano de todo. Poderosa herramienta para experimentar la vida con felicidad.

Compasión: comprender con amor

Inteligencia: hacer con excelencia aquello que hago bien. No dejar que me limiten las debilidades. Capacidad de asombro por las cosas sencillas de la vida. Generosidad y consideración al actuar con respecto a mí mismo y a los demás.

Sensatez: gran predisposición para ser feliz, adaptabilidad rápida a diversas circunstancias. Ni iluso ni escéptico.

Equilibrio: practicidad en la vida. Manejo de los pensamientos para evitar que nos manejen las emociones.

Madurez humana y espiritual: ser un motor para generar bondad. Predisposición a recibir lo mejor de todos los demás y de la vida, al mismo tiempo que doy lo mejor de mí.

Amor por uno mismo: valoración con sabiduría y humildad, abrirme a recibir todas las cosas buenas de la vida, incluyendo respeto, armonía, prosperidad, victorias. Aprender y crecer sin cataclismos. Pulirme con gentileza. Permitirme alcanzar mis sueños.

Bondad: necesaria para mejorar la propia vida. Cambia el curso de la historia humana.

Firmeza: necesaria para evitar la confusión entre bondad y permisividad.

Entusiasmo: herramienta poderosa para alcanzar los sueños, las metas.

Actitud: base de triunfos y victorias en la vida.

Respeto: gran posibilidad de evitar tantas lágrimas en el mundo. Inicio de una nueva civilización.

Sabiduría: en su búsqueda.

Aunque no resultó tan fácil, tampoco fue imposible reformular el código de una vida entera. La ventana por la que miraba el mundo se había ampliado bastante más y siempre podía experimentar nuevas epifanías que la remodelaran. Para estrenar mi nuevo código bailé, esta vez con la complicidad de *Pocketful of Sunshine* de Natasha Bedingfield:

Tengo un bolsillo lleno, un bolsillo de luz solar. Tengo un amor y sé que es todo mío. Llévame lejos… Hacia días mejores… A un lugar más alto. Hay un lugar al que voy… Donde los ríos fluyen. Y yo lo llamo hogar. Y no hay más mentiras. En la oscuridad,

hay una luz. Y nadie llora. Sólo hay mariposas. Llévame lejos…
Llévame lejos…

Tararé la canción durante muchos días… *llévame lejos… Hacia días mejores… Hay un lugar al que voy… Y yo lo llamo hogar… Y no hay más mentiras…*

Y así comprendí el patrón, un poco «tropezando» con situaciones difíciles pero también bailando con una agradable satisfacción: se cree de una manera, los pensamientos son producto en su gran mayoría de esas creencias y provocan una emoción, se reacciona ante la vida con esos pensamientos y emociones, consecuencia de esas creencias. Si no se cambia las creencias por unas más sensatas y sabias, resulta difícil contar con pensamientos y emociones que aporten sin lastimar. Caemos en una necesidad inacabable de control, y las emociones sobre las cuales se ejerce control o presión suelen causar frustración. Las creencias y los pensamientos no son lo que somos, añadiéndoles conciencia y amor son lo que podemos llegar a ser.

La persecución de respuestas que me satisficieran y que otorgaran sentido a varios acertijos de la vida me había catapultado al encuentro de nuevos entendimientos, en ese trajinar había ido dejando pesos que ya no necesitaba, creencias, interpretaciones desfavorables que me imposibilitaban avanzar. Ese desprendimiento constituía el sendero para poseer más libertad del alma, de mi capacidad de asombro y de una personalidad más sana en relación a mí misma y al mundo, apropiadas para experimentar la saludable diversión que procede del interior y no de las circunstancias. Tomé conciencia de que era el momento de dejar de ser una buscadora, porque lo que estaba buscando sin siquiera saber con precisión lo que estaba buscando ya lo había encontrado, una mejor manera de experimentarme a mí misma y a mis emociones, despertar a una conciencia mayor, saber de la existencia de mi Maestro Interno, de esa Voz interior y tener la predisposición de escuchar; la experiencia de vivir esa comunicación, de disfrutarla, de explorar esa Esencia era otra etapa, no significaba que no iba a seguir aprendiendo, pero ésta ya no era una fase de aprendizaje con dolor sino con amor y alegría, camino que corresponde a toda vida, cuando comprende que puede elegir que sea un proceso de aprendizaje a través del amor y no del sufrimiento, evitando así que nos volvamos eternos buscadores para quienes la búsqueda misma se vuelve la meta y el encontrar le quita el sentido. La búsqueda espiritual no es un camino, es un encuentro, y el encuentro es una nueva forma de vivir y experimentar la vida. La espiritualidad no es una práctica, por beneficiosa que sea, es mucho más, es un sentir, es un Ser. También me percaté de no volver a tratar de hacer o experimentar algo, porque el elegir ya es un hacer, y cuando se hace, se produce un resultado, así se sortea el riesgo de vivir tratando de conseguir cualquier cosa, incluyendo la paz, la sabiduría o despertar. Hay que hacer, los resultados vienen. Con todo ello, me percaté de que el crecimiento espiritual y la conciencia de una persona es tan importante como el de una humanidad entera. A la luz de estos nuevos paradigmas y entendimientos, mi alma esperanzada se ilusionó con un cambio en las creencias y visión de las personas y de los líderes para provocar que la humanidad no aprenda ya a través de cataclismos, guerras, violencia, crisis o situaciones extremas que paralicen al mundo. Con una verdadera conciencia la vida y el futuro no serán un tiempo para luchar, será un tiempo para amar...

Sintiendo rumores de brisas serenas, cálidas tertulias con una voz acariciadora que venían del interior, haciéndome sentir que llegó el momento del ansiado tiempo sabático para escribir, como ya he comentado, alquilé el departamento por un tiempo, le conservé su nombre porque regresaría allí, y me dirigí a Puebla. Un perfumado aroma de liberación regocijó el alma predisponiéndome a vivir esa nueva aventura, reservada para un tiempo en que mis paradigmas ya eran otros.

Mientras continuaba con mi proceso, recordaba con frecuencia las últimas frases de una conferencia que había dictado mi entrañable amigo Max, médico y director de una ONG dedicada a promover la paz y el respeto de los derechos humanos en el mundo.

«Somos seres únicos con una gran misión con nosotros mismos, con la familia y con el mundo. Seres más sanos, más felices; con más amor por nosotros mismos, haríamos un mundo mejor. Parafraseando a un escritor diré: "La familia de cada uno depende de su compás. Compases con aperturas pequeñas incluirán dentro de su familia quizá a su cónyuge y a sus hijos; otros, con mayor apertura, incluirán padres, hermanos, tíos, sobrinos; otros lo harán también con amigos, vecinos, personas portadoras del mismo gentilicio; unos pocos tendrán tan abiertos sus espacios como para mirar la realidad". ¿Y cuál es? –agregó–. La familia de los seres humanos está compuesta por mucha gente, por seres que llevan nuestros apellidos, pero también por cualquier otro que no lo lleve. ¿Cómo vamos a pertenecer solamente a una familia si la nuestra es la humanidad?». Cuando lo escuché la primera vez, pensé que tenía razón, ¡cómo no iba a ser así, si todos procedemos de un mismo lugar, de esa Energía Suprema! Eso de que una parte de la familia pueda ser más difícil de tratar o entender y que sea un verdadero desafío para nuestra capacidad de aceptación es otra cosa, pero que somos una familia, somos una familia. Claro que a alguien alguna vez sus creencias y la mente juguetona puede hacerle pensar y se queje: «¡Ah, no! ¿Familia de él o de ella? ¡No!».

Con aquel mensaje, me emocionaba al reflexionar en que cada proceso personal de sanación y desarrollo de conciencia, que cada elaboración de códigos de valores más sabios que incluyeran más amor, que cada reinterpretación de nosotros mismos y cada aceptación individual de «Yo soy Esencia Divina» contribuiría significativamente al mundo. Entonces, recordé una frase que leí una vez en un aparentemente insignificante cartel: «Está prohibido pensar que el mundo sería igual sin ti».

Y medité en que a través de nuestras creencias personales creamos nuestra realidad y juntos hacemos lo mismo con la realidad de nuestras familias cercanas, con la de nuestras naciones, con toda la humanidad. Todos tenemos un círculo de influencia; por tanto, es una gran responsabilidad saber cómo estamos usando nuestro hálito de vida, de energía; en qué estamos, en realidad, invirtiéndola: en el drama o en la solución; cuáles son nuestros «cuadros de realidades o de creencias» en nuestra mente y qué estamos viviendo como consecuencia de ellos; qué mensaje estamos enviando al mundo, al cercano o al ilusoriamente distante, con nuestras palabras, acciones y percepciones. Todo ese proceso de tomar responsabilidad comienza con la intención y la voluntad de experimentar «mundos personales» más sanos y felices. Entonces, imaginé que sería bueno plantearnos estas preguntas que ya se había hecho una autora: «¿Estamos siendo parte de un proceso evolutivo de conciencia o estamos deteniendo esa maravillosa posibilidad propia y colectiva?, ¿somos tan efectivos y útiles con nuestras creencias como podríamos serlo con nosotros mismos y con el mundo?».

CAPÍTULO 9

EXPERIMENTAR LA MAGIA Y LA COMICIDAD DE LA EXISTENCIA

Luego de mi regreso de México, por el fallecimiento de Ángela, mis planes cambiaron. Decidí volver a Atlixco solamente para entregar la casa. Me quedé un tiempo en Ecuador. Más tarde, con el alma y circunstancias dispuestas, retomé el proyecto del libro. No es que uno tenga que mudarse para poder escribir, pero recordé la primera vez que estuve en París, en una convención; me maravilló y me prometí regresar. Hemingway dijo: «Si tienes la suerte de haber vivido en París de joven, luego París te acompañará vayas donde vayas, todo el resto de tu vida, ya que en París hay una fiesta que nos sigue». Yo me sentía muy joven… decidí que ése era el lugar para continuar.

Los sonidos y los colores de París me cautivaron. Era un fascinante privilegio escuchar las notas de Vivaldi y Albinoni hasta en el metro. Cualquier día, sus calles tapizadas de otoño ponían en mi alma un toque sutil y romántico, característico del bello lugar, para acompañarme en ese nuevo trayecto hacia la consecución de mi sueño. «Soy afortunada de contar con la riqueza de la perseverancia, pensaba, de lo contrario, no estaría hoy escribiendo». Cada uno tiene su fortuna, cada uno lleva dentro de sí la posibilidad de mirarla y vivirla, o de ignorarla. Y es que la perseverancia había constituido para mí una de las herramientas que me dio la vida, así como la pasión, poseedora de tanta carga emocional humana o Divina, aún no he podido decidirlo, que equilibrada, lleva a una férrea y emocionada voluntad, no obstante, desequilibrada, cambia su naturaleza por la de la necedad. Por suerte, con todas las experiencias vividas, la mía se había equilibrado bastante bien. Todos tenemos nuestros encantos o fortuna, nuestros dones, que son, en realidad, las herramientas con las que estamos dotados desde que nacemos para recorrer nuestro camino. No siempre sabemos cuáles son las propias y, aunque desarrollar esos dones no es precisamente nuestro destino, sí es sabio el permitirnos determinarlos, asumirlos y ejercerlos con amor. Una vez escuché a una mujer decir: «Yo soy la cara de la Divinidad que muestra el atributo de la alegría», hacía alusión a su don del sentido del humor. Otra mujer a su lado añadió: «Yo, la que muestra los de la empatía y la creatividad», era una artista. De inmediato pensé: «Yo soy la cara de la Divinidad que muestra el atributo del optimismo y del entusiasmo, dos sentimientos imprescindibles y grandes aliados, porque sin ellos la vida puede volverse árida y perder mucho del brillo de su encanto.

Un sutil viento parisino jugueteaba con mi cabello casi como si comprendiera que mis pensamientos querían ser transmitidos a través de mi mano, en el teclado del ordenador, casi como si fuera mi cómplice en el intento. Estaba sentada en un banco de un pequeño parque, llamado por Mitterrand, «La plaza de los derechos humanos», en Trocadero. Me abstraje del bullicio de los turistas que recorrían el lugar, absortos en el cuadro que, ante sus ojos, se descubría para mostrar la fisonomía de los antiguos edificios de la ciudad. El lugar estaba decorado con los tonos verdes y marrones de los árboles de alrededor y, por supuesto, con la Torre Eiffel. Unos pocos rayos de sol, que se colaban por entre las nubes otoñales, nos permitían a mí y a los visitantes, por momentos, una sensación de comodidad. Las nubes se cerraron al coqueteo del sol y, como es usual en París, cayó una lluvia sin aviso. Me apresuré a abrir mi paraguas, distinto a los que hay en mi país, porque la naturaleza del viento allí también es distinta. Cerré mi ordenador a toda prisa y corrí a la estación de metro, que quedaba muy cerca. Compré tal sofisticado paraguas porque el juego de «lloveré o no lloveré, mejor lluevo» de las nubes parisinas había logrado mojarme un par de veces.

Una mañana, mientras estaba sentada en un banco en el jardín de las Tullerías, contiguo al más famoso museo del mundo, el Louvre, quizá por la cercanía de las treinta y cinco mil maravillosas obras de arte que expone, me sentí inspirada y estaba escribiendo, hasta que la lluvia se saltó el «lluevo o no lluevo del juego» decidiendo caer sin más preámbulo. Antes de que se me fuera la inspiración –esa que dicen que se abalanza sobre otro escritor si no se está atento y uno pierde la bondad de la musa–, busqué un lugar para continuar. No quería regresar al departamento que compartía con Michelle, que era redactora de una revista de moda parisina y estaba preparándose para la semana de la moda en París. Ella, inmersa en tal acontecimiento, encarnaba la locura, como trabajaba desde casa, el teléfono no paraba de sonar. Los cafés parisinos son una delicia, por lo maravilloso de la ciudad, en razón de la cercanía de las mesas y de mi gusto por el idioma, reconozco que las siluetas delicadas, redondas y armónicas de las palabras francesas algunas veces lograban distraerme. La sutileza de esos sonidos se quedaba susurrándome al oído y la continuidad de la frase se perdía, así que decidí esa tarde buscar un lugar distinto. Tomé el metro y me dirigí al Marriott, en los Campos Elíseos. Como viajera habitual, sabía que un hotel de cierto tamaño siempre dispone de lugares nutridos de gente y también otros menos congestionados y proporcionan algo de silencio, como así fue.

Al llegar, me acomodé en una de las mesas de la pequeña cafetería que se hallaba hacia la izquierda justo al finalizar las escaleras. El camarero era un italiano de lo más risueño. Desde ese día, cuando el implacable frío de un invierno cercano iba reemplazando al frugal clima del otoño que no permitía escribir al aire libre, en compañía del Sena o del Louvre, algunas veces, iba allí. Dividía mi tiempo entre el trabajo, a través de Internet, pasear y sentarme a escribir. Como ya tenía algo de experiencia para hacer uso de la vena del escritor, la creatividad empezaba a fluir. Al principio, mi condición de novata me jugaba malas pasadas. El estímulo inspirador se hacía presente y yo no tenía ni papel ni grabadora. Cuando llegaba corriendo a algún lugar para anotar las ideas, la musa se divertía conmigo y se marchaba; ya después, juiciosamente, y menos novata, compré una grabadora y una libreta. Luego de algunas veces de estar por allí, tanto para el camarero de un pequeño café, situado en el jardín de las Tullerías, así como para el del Marriott, mi rostro y mi ordenador les resultaban familiares. Iba también a otro pequeño y tranquilo café en la Rue Jean-de-la-Fontaine, cerca de casa de Michelle, otras veces salía sin rumbo y me sentaba en alguno de los tantos atractivos establecimientos que luciera tranquilo, acompañando mi escritura con un buen café o té y en algunas ocasiones con un buen *croque-monsieur*.

En París resultaba conveniente tener un anfitrión local. A través de una amiga de Viviana, conseguí alojarme en el departamento de Michelle, una típica francesa, de cuerpo menudo, talla «XS», como casi todas las mujeres en París. Cuando iba de compras, aun siendo de figura delgada, quedaba claro que mis caderas definitivamente no habían nacido en París. Michelle exhibía en el rostro una maravillosa piel y una encantadora dulzura. Era soltera, de veintinueve años. Tuvo una hermana gemela que había fallecido a los pocos días de nacer. Sus padres vivían en Nantes, una ciudad de unos ochocientos mil habitantes, capital del Departamento de Loira Atlántico y de la región País del Loira. La ciudad vio nacer al famoso escritor Julio Verne, de quien leí varios libros durante mi infancia.

El departamento en el que residía Michelle era parte de su herencia familiar; allí habían vivido sus padres antes de que se mudaran, así como sus abuelos y bisabuelos. Por tanto, yo vivía con ella y sus papás, sus abuelos y bisabuelos, porque había fotografías y pinturas, debidamente enmarcadas, por todo el lugar. El departamento se hallaba en uno de esos maravillosos edificios antiguos, llenos de arte, que a mí tanto me gustaban, en un tercer piso de la rue George Sand, nombre dado en honor a una escritora, que usaba un seudónimo masculino para tratar de evitar el escándalo que el expresar sus ideas causaba en la sociedad de la época, aun sin saber que la pluma era empuñada por manos femeninas. A pesar de ello, no logró evitar la censura. La calle estaba llena de edificios tan bellos como antiguos. Al doblar la esquina, una *boulangerie* decoraba el lugar: típica, hermosa, con panes deliciosos y una *crème brûlée* que me encantaba.

Michelle me decía a dónde ir, aunque despreciaba los lugares típicos para turistas. Fui a la ópera, espectáculo del cual, por su escasa presencia en mi país, disfruté más de una vez alguna obra. El ballet de Les Enfants lo vi dos veces en el Palace Garnier o Palace de l'Opéra debido a mi especial atracción por la delicadeza y exquisitez del ballet. Michelle, con la típica educación y seriedad parisina, se reía de mí. Por recomendación de ella, llegué al Château de Sept Tours y así comenzó la historia con Pierre.

Al día siguiente de la noche de la cena en el *château* y de la puerta de algodón, Pierre se había marchado. Cuando desperté y bajé para desayunar, me dieron una pequeña rosa roja con una nota de él que decía:

Me habría gustado continuar la conversación y besar
nuevamente, aunque sea tu dedo índice, bella y sexy viajera.
Tu ceñida figura me mantuvo despierto un par de horas
durante la noche.
Espero que hayas dormido bien. Te veré pronto.

Pierre

Confieso, que se me pasaron varias ideas por la cabeza, de esas que vienen de los pensamientos distraídos y de las que no lo hacen. Me produjo alivio saber que el pensamiento impertinente sobre el monje no tuvo razón. No niego que el mensaje hizo que titubeara, sin saber qué pensar. Luego de todo lo vivido, me había sentido tan cómoda con que nadie me interesara. Un pensamiento sensato me dijo, tal como lo hacía con frecuencia, últimamente: «A fluir, Eliza, a fluir. No molestes, Eliza, no anticipes problemas, es decir, ¡deja el drama Eliza!». Así lo hice. Para ser sincera, releyendo en la nota su deseo de volver a besar mi dedo índice, se me pasó por la cabeza la idea de si la reputación de la fogosidad y apasionamiento de la que presumían los amantes franceses sería cierta. Me reí sola, con picardía. Me alejé de ese pensamiento; tenía que concentrarme en escribir y no en andar por ahí elucubrando sobre tal reputación. Por último, solamente tenía ese día, porque los siguientes visitaría los castillos que eran la atracción de los turistas.

Luego de mi regreso a París, cuatro días después, llamó Pierre y fuimos a cenar… y otro a bailar… y otro a cenar… y otro al ballet Les Enfants. Sí, ya sé, en esa oportunidad, hasta me dio vergüenza decirle que ya había asistido antes en más de una ocasión. Él había conseguido entradas con una excelente ubicación. Bien enganchada de su brazo, fui por tercera vez sin hacer comentario alguno, tan emocionada como si fuera la primera.

Los primeros días que me invitó a salir, estaba ocupado en un proyecto y algo estresado, mis cables cerebrales se pararon para recibir señales de si estaba repitiendo la historia que ya había vivido con Bruno, esta vez con otro protagonista –suele suceder más de lo que a nuestro gusto le apetecería– a causa de que algo me faltaba por aprender de ello. Imaginaba su vida con un estrés constante, con una incapacidad de relajarse y disfrutar. Rápidamente, me dije que me iba a tomar el tiempo para verlo sin prejuicio, sin lupa, pero con comprensión de su naturaleza. Existen varias inteligencias, algún autor dice que la intuitiva nos da señales de inicio, como si ese porcentaje del cerebro que no conocemos aún funcionara con algún tipo de código morse. Mas, cuando hay una creencia asociada por alguna actitud de la persona que nos recuerde otra similar, esta inteligencia se bloquea y el mensaje literalmente produce un cortocircuito. De ahí, la importancia de sanar ciertas heridas del alma, especialmente las creencias que nos hacen etiquetar a personas o situaciones sin el menor escrúpulo. Así funciona con toda relación, no sólo con las amorosas. Conforme vamos avanzando en la espiral evolutiva del crecimiento, sanamos y no interpretamos apresuradamente las situaciones. Así aprenderíamos a distinguir lo que es el mensaje de la inteligencia intuitiva, de las ideas producto de algo no sanado. A pesar de la hipnosis en la que se dice que caemos cuando somos poderosamente atraídos por alguien o nos enamoramos, me obligué a mirar a Pierre, sin otorgarle atributos que no tiene, ni quitarle los que sí posee en función de una relación con otra persona, procedimiento básico si queremos disfrutar del amor y no sufrirlo. Recordando que ya hice mi reformulación de creencias… flechazo del amor o no, me di permiso a mí misma para mirar a Pierre sin idealizarlo, pero tampoco etiquetándolo. Así no tendría un día que bajarlo del pedestal por tener los defectos de ser un humano ni tampoco le restaría méritos, justamente por ello, por ser un gran ser humano, si así lo era. Como me permití mirarlo con ojos algo imparciales, cada día me sorprendía de su bella humanidad. Confieso que en un inicio él me escaneaba, porque registraba lo que yo pensaba y hacía, algunas veces yo me comportaba igual con él.

El primer día que visité su departamento, cenamos *coq au vin* (pollo al vino), que cocinamos juntos, los dos disfrutamos de cocinar. Su departamento de la Avenida Victor Hugo, cerca de los Campos Elíseos y del Arco del Triunfo, estaba situado en el quinto piso de un antiguo edificio. Pierre era un hombre muy ocupado, como buen francés su agenda estaba programada con semanas de anticipación, trabajaba en varios proyectos a la vez, varios de ellos con inversionistas bastante exigentes; sin embargo, se mantenía en paz y en equilibrio. Si tenía mucho trabajo, igualmente se lo veía activo, pero sereno. Si tenía que cenar conmigo, ese tiempo era suyo. Si íbamos a la ópera, también era su tiempo, y digo «suyo» porque uno cree que le damos tiempo a la otra persona, pero en realidad uno mismo se está otorgando el permiso de disfrutar sin ansiedad. Se regocijaba de muchas cosas, con una capacidad de asombro que me admiraba. Yo comentaba con él que me había costado mucho aprender a ocuparme de todo y, al mismo tiempo, estar en paz y disfrutar. Él sonreía diciendo que lo mismo le había pasado a él.

Al principio me resultaba un poco complicado entenderlo rápidamente, porque Pierre mezcla frases de su idioma natal con las que expresa en español, pero a estas alturas, con toda esa mezcla parece que mi oído se ha dignado a afinar, la que no atina a hacerlo aún con comodidad es mi garganta, aunque a veces el sonido gutural para pronunciar la «r» ya parece que sale de ella como si fuera natural, y no como si tuviera que hacer todo un esfuerzo y proceso para ubicar mi lengua o desubicarla, a fin de que salga la palabra apropiadamente, y no parezca que estoy inventando un nuevo idioma. A él le gusta la música clásica tanto como a mí, también gusta de leer, en su biblioteca había muchos libros, muchos de espiritualidad y algunos muy antiguos de Victor Hugo, heredados de su padre.

El atractivo departamento se abría con una puerta blanca de dos hojas, tras de ella, un pequeño recibidor, con una hermosa mesa central. Toda la decoración mostraba que era el hogar de un diseñador, una que otra pieza moderna y ecléctica contrastaba con muebles de un estilo muy parisino que combinaban a la perfección. En la pared izquierda, un pedestal exhibía una escultura que había sido de su madre, en medio una chimenea; a la derecha un hermoso piano de cola de madera oscura, heredado de su abuela, al que arrancó varias veces composiciones que lograban transportarme a algún lugar de mi interior que vibraba de tal manera, que parecía comunicarme con la sublimidad del Universo. Techos altos y tallados mostraban un maravilloso estilo, recuerdo de épocas pasadas, realmente una obra de arte. Frente al salón principal, se abría otra puerta, la del pequeño estudio-biblioteca, con abundantes planos.

Una infancia tranquila transcurrió para Pierre en la ciudad natal de su madre, Dijon, fallecida unos años atrás antes de que nos conociéramos, y algún tiempo después de iniciada su adolescencia, París fue su hogar. Su padre, también arquitecto, residía desde hacía años en Madrid, al igual que su única hermana, Camilla. Pierre creció con una premisa que tenía como condición *sine qua non* la palabra «debo».

La educación muy estricta y formal, aunque dulce de su madre, ahogaron los «quiero». Varios años de su vida se deslizaron, haciendo lo que debía y no lo que quería en sus diferentes roles, muchas autoexigencias fueron parte del trayecto. Un inesperado acontecimiento provocó un cambio en el planificado curso de sus días. Pierre sería padre repentinamente a los veintiséis años. Su novia y compañera de estudios, dos años mayor que él, decidió que podía hacerse cargo de la responsabilidad del bebé, sin acceder al matrimonio, obligándolo a replantearse varios esquemas.

Concordando con la expectativa de su padre, empezó a trabajar en la empresa de construcción de éste, cuando fue encontrando «los quiero», fundó con un socio una corporación dedicada al diseño y a la decoración para hoteles, estancias o restaurantes, también para lugares privados. Poco después, su familia se mudó a España por un proyecto, mientras que él decidió quedarse en París. Motivado por un antiguo compañero de universidad norteamericano, cuyo padre era corredor de bolsa, realizó inversiones en la Bolsa de Estados Unidos. Cuando vino la crisis, perdió miles de dólares. Se deprimió, no en el nivel en que lo hice yo, con el grado de esas tristezas y grandes desconsuelos, que mal llamamos depresiones. Tres años antes de conocernos se enamoró, el romance fue difícil y no duradero. Una costosa recuperación lo llevó a buscar respuestas. La noche en el *château*, cuando dijo que era viajero, porque definitivamente había sido guerrero, expuso su realidad. Sus dificultades con el amor, unido a otras cuestiones, entre ellos el entendimiento de su pérdida económica, lo condujo a encontrar la otra llanura.

Pierre había aprendido, durante varios años, lo que era la persecución de sus metas profesionales y económicas, según decía, de la manera común, con mucha presión.

—En un momento, entendí que yo quería una forma diferente de experimentar la vida –dijo–. Por un tiempo, todo se volvió números, resultados, balances y estadísticas, y… eso no está mal porque todo proyecto o negocio lo requiere, pero he desarrollado mi profesión en hoteles lujosos, restaurantes costosos, comodidad y hermosos lugares para vivir, he visto mucha abundancia material. He tenido éxito, sin embargo, la vida me hizo notar que la plenitud es mucho más compleja que eso, lo empecé a sentir cuando presté atención a mi aspecto espiritual, a mi interior, eso me fue llenando de paz.

Aunque yo pensé en ese momento que trataba ligeramente de impresionarme, dado que tenía la suposición de que ya conocía que me gustaba el tema, el recorrer de unos días me daría la tranquilidad de que su filosofía de vida era auténtica y hermosamente sincera. Me resultaba de lo más gratificante oírlo hablar de esos asuntos, pero reconozco también que mi genuino interés en sus palabras estaba algo influenciado por la «lupa» de la que por momentos me parecía que no había logrado deshacerme. Con interés auténtico e influenciado, lo alentaba a seguir hablando de sus conceptos.

—Has podido disfrutar de los placeres de la tierra sin perderte los del cielo, los del alma –dije con jovialidad y aire poético.

—Así es, y no quisiera perderme ninguno de los dos, yo no lo hubiera podido expresar mejor –dijo sonriendo.

Pensé en el camino recorrido, en mis propias deducciones sobre estos dos aspectos, en el haber experimentado dificultades incluso para conseguir alimento en una etapa de mi vida. El esfuerzo para salir de aquella ruda situación me hizo reflexionar y comprender en algún momento que, en realidad, no hay que temerle al dinero, satanizarlo, tampoco rechazarlo, concluyendo que se es libre cuando se entiende que todos los éxitos o el dinero no deben ni definir ni atar a un ser. Aquello de lo que se dependa se volverá un carcelero, un limitante proveniente de grilletes. No hay que depender del dinero para sentirse seguro, exitoso o superior a los demás, tampoco de las limitaciones económicas para creer que no se es presa de las ambiciones y pensar que se es más espiritual –pensé–. Quizás lo que hay que cuidar de una existencia abundante es que no se convierta en una gran distracción que «tome la vida», olvidando el interior y el verdadero sentido y propósito de la existencia; y, haciendo uso de gotas de conciencia y sensatez, ayudar desinteresadamente a otros a que obtengan prosperidad.

Si ya se dispone de abundancia financiera, se es libre cuando se sabe que no se es presa de ella, de la avaricia o de la manipulación, que pueden llevar a actos poco dignos. No hay excesos mezquinos cuando se entiende la felicidad por unificación del plano material y espiritual. También en caso de no disponerla, se es libre cuando parece posible y apropiado producir y vivir prosperidad, libres de envidias y de rivalidades, emprendiendo el camino hacia ella. La aceptación de esa posibilidad puede dar a muchos de comer. Un sueño no es codicia, es un propósito del alma que hace cantar el corazón que, generalmente, produce progreso y prosperidad en diferentes niveles del ser y de la experiencia humana. El dinero manejado con sensatez y generosidad produce libertad práctica. Ni el vacío interno: el hambre del alma; ni el vacío del cuerpo: el hambre de un humano, pueden dar paz, tranquilidad o libertad. La libertad, definitivamente, es parte de la felicidad.

Visité muchos museos en París: El Louvre, el Museo d'Orsay, la Casa de Victor Hugo, el de la Légion d'Honneur, el Carnavalet. Aprecié, entre muchas otras, dos de mis pinturas favoritas, *La Escuela de Atenas* de Rafael Sanzio y *La clase de danza* de Degas. Asistí a varios conciertos de la Orquesta Filarmónica de París, en la Salle Pleyel, escuché con mucho placer varias veces una de mis composiciones preferidas *Adagio in G Minor* de Albinioni. Asistí a otros conciertos en la iglesia de la Madeleine cuya arquitectura tiene forma de templo romano, y en la iglesia de Saint-Germain-des-Prés. Con Pierre, acudimos otras veces al Palace Garnier, al Lido, al Moulin Rouge, a Versalles, a muchos lugares para cenar y a otros para bailar. Me regaló un CD de Charles Aznavour y otros de cantantes contemporáneos que no había escuchado en mi país, y uno de Édith Piaf, una de sus famosas y hermosas canciones, «La vie en Rose», formó varios días parte de mi desayuno, y alguna vez de un agradecido baile matutino, aun cuando una que otra frase de la letra de la canción no coincidía con mi visión del amor.

Un viernes por la mañana, Pierre envió a mi teléfono un mensaje que decía:

—Bella viajera, juguetona, te espero esta noche para cenar en mi departamento. Viste, por favor, traje formal.

Yo imaginé que tendría alguna cena con clientes o amigos. Como hacía frío, porque a mi piel le parecía que el invierno tenía las traviesas intenciones de adelantarse al calendario y empezaba a fisgonear por la ventana de París, me puse un vestido entallado rojo, un suéter negro, un abrigo rojo, guantes negros y una bufanda del mismo color. Un gorro rojo me protegía del frío. No te puedes ni imaginar cómo se quejaba de la temperatura mi cuerpo, acostumbrado al clima primaveral de mi país. Con queja o sin ella, aun cuando apretaba el frío, no me perdía las caminatas por las calles de París. Cuando bajé del ascensor, frente a su departamento, escuché una suave música francesa. La puerta estaba entreabierta. Entré. El recibidor estaba iluminado con velas. Caminé hacia el salón principal, también alumbrado por una buena cantidad de velas. Allí estaba Pierre, ataviado con un hermoso traje gris. Aunque estaba acostumbrada a verlo vestir elegantemente, con trajes de buen corte, lindos abrigos, en ese momento me pareció que lucía espectacular. Tenía una copa de vino tinto en la mano. Sobre el piano había rosas rojas en un jarrón de cristal, con incrustación de plata, que a mí me encantaba. Me quité los guantes… él mi bufanda… mi suéter… mi abrigo… y mi gorro. Me preguntó sonriente el motivo por el cual no me había puesto otra prenda, para él, el frío no era tanto. Respondí con una pretendida seriedad que resultó divertida.

—No puedo cargar más, de lo contrario, lo habría hecho.

Pierre sonrió. Nos acercamos al piano, él agarró una rosa solitaria que descansaba en una de sus esquinas.

—Cierra los ojos –dijo.

Los cerré. Sentí cómo acariciaba pausadamente con la rosa con absoluta sensualidad mi rostro, mis mejillas, las comisuras de los labios, la barbilla. La tersura de los pétalos sobre mi piel sabía a gloria. Fue bajando sutil y lentamente por mi cuello hasta el inicio del escote, continuó por mi brazo izquierdo descubierto, al llegar a mi mano, acomodó la rosa en mi palma y la cerró suavemente, le había quitado las espinas. Sentí sus labios sobre los míos, sutiles, embriagadores. Cuando mis párpados se levantaron, mi alma estaba embelesada…, la pasión me invadió sin ningún reparo, sé que a él también. Pierre se alejó y me sirvió una copa de vino. Brindamos. Apagó la música que escuchábamos desde su tablet, nos sentamos en el taburete frente al piano, poniendo su copa sobre éste, sus manos invitaron a Beethoven a acompañarnos. Nunca había disfrutado tanto de las prodigiosas notas de «Para Elisa», quiero decir, la parte que escuché, porque interrumpió la composición abruptamente.

—Estoy enamorado de ti, *Je t'aime* –dijo Pierre sin más preámbulo.

Hasta ese momento, aunque salimos con mucha frecuencia, mantuvimos los dos cierta distancia, formábamos una mezcla extraña de amigos con derecho a besarse. La confesión de su amor me resultó inesperada, me quedé mirándolo por unos instantes sin decir nada.

—No es tu obligación sentir lo mismo por mí, siempre es un privilegio enamorarse de alguien que te ama, pero a veces eso no se da, *c'est l'amour* –dijo con seguridad y aplomo mientras tocaba descuidadamente unas notas en el piano.

Tuve la sensación de que aquello era como una rendición, como ceder a expresar un secreto, que grita por ser develado, sea cual sea su consecuencia. Tiempo después entendí el verdadero significado de su comentario.

—No, no, ¡no! –le interrumpí, reaccionando rápidamente en cuanto terminó de hablar–. Quiero decir, tú sí tienes ese privilegio, quiero decir ¡yo también!

Se acercó y me besó. Las barreras de la defensa que nos imponían esa distancia se habían ido desmoronando dejando al descubierto el mutuo sentimiento, sin que pudiéramos ya erguir ninguna otra. A estas alturas, yo me había mudado a un lugar llamado nebulosas, donde todo estaba lleno de corazones. Siguiendo la costumbre de la mente humana, un pequeño pensamiento sufridor quiso anticipar pesares y dijo: «Y ahora, ¿qué vamos a hacer?», inquietud que no permití que se agrandara, reclamándole otra vez a la vida la continuidad. Si algo me había enseñado mi trajinar por este mundo, era que parte de agradecer los privilegios era disfrutarlos, estando presente, con ética y con responsabilidad. En ese momento, no sabía o no quería saber más. Extendí mis brazos imaginariamente y me recogí del futuro pudiendo extasiarme del momento. Cenamos. Volvimos al salón, a la luz de las velas. Bailamos al son de una de mis canciones preferidas, de particular significado para los dos, *My way*, en la versión de Elvis Presley:

… He vivido una vida plena… Lo hice a mi manera… Hice lo que debía hacer… Todo esto cuando había dudas. Lo enfrenté todo y me mantuve fuerte… He amado, he reído, he llorado…

*Tuve malas experiencias, me tocó perder, y ahora... Encuentro
tan divertido pensar que hice todo eso. Permíteme decirlo no de
una manera tímida. Oh, no. Oh, no... Yo lo hice a mi manera...
Pues qué es un hombre, qué es lo que ha conseguido, si no es a
sí mismo...*

Habíamos hecho nuestra historia, «a nuestra manera», allí era
justamente donde debíamos encontrarnos, no antes, porque, «¿qué
es lo que es un hombre (yo añadiría las palabras: y una mujer), qué es
lo que ha conseguido, si no es a sí mismo?». Nos habíamos liberado
de nosotros mismos para poder crecer e ir hallando, en realidad,
quiénes somos. Ahora íbamos encontrándonos a nosotros mismos
y queríamos brindarnos al otro. Pierre y yo habíamos vivido varias
experiencias tanto retadoras como hermosas en esas cuatro décadas
y apenas algo más para él y para mí, afortunadamente en el mundo
de hoy, teníamos la vida por delante...

En el ínterin del encuentro con nuestro propio ser, Pierre había logrado al igual que yo reconocer la magia y comicidad de la existencia,
que están presentes en toda vida. Si lo dudas, consulta el gran libro
de tu historia, encontrarás muchos momentos mágicos y acertijos
cósmicos, y si sabiamente ya has aprendido a reírte con respeto de ti
mismo y de los momentos que no han sido tan mágicos, hallarás la
comicidad de tu propia historia. Para apreciarla, hace falta mirarla
con los ojos de asombro y simplicidad de un niño, y con los ojos de
benevolencia de un Ser más consciente de que su camino tiene un
propósito, la más noble y maravillosa misión del descubrimiento de
su verdadero Ser. Así, cada momento mágico, ya sea pequeño o significativo, recibiría su lugar en cada página y no se desvanecería o se
le pondría la etiqueta de acto cotidiano, perdiendo su belleza debido
a todas las preocupaciones y distracciones de la mente.

—¿Acaso tratabas de seducirme con todo este ambiente? –le pregunté al final de la canción.

Pierre, con una aparente seriedad inicial, me brindó una sensual
sonrisa, esa precisa sonrisa que envió al traste a mi inmunidad con

tanta facilidad en cuanto se mostró tan espontáneamente en aquella cafetería del *château*. La respuesta era obvia.

—¡Qué bueno, porque es exactamente lo que voy a hacer contigo en este momento! –dije con sutil sensualidad antes de que pudiera contestar.

Pierre rio.

A continuación, deberás imaginar una de esas películas en las que, justamente, en el momento más erótico se cierra la puerta porque yo no diré nada más, sólo que, a partir de ahí, tratamos al amor como debe tratársele: con gran sutileza; también diré que a partir de ahí, las velas, los baños en la bañera, acompañados con esencias, con copas de vino o de champán, uvas, manzanas y fresas, así como la lencería, los *negligés*, los ligueros acompañados con medias de seda y de encajes, las delicias de la seducción se hicieron muy comunes entre nosotros. La ternura se entremezcló con la pasión para permitirnos disfrutar de esos hermosos y mágicos momentos en los que el santuario del espíritu, es decir, el cuerpo físico, se funde en un abrazo de amor profundo, permitiendo entreabrir la puerta del alma del otro...

En un principio, aunque Pierre era bastante libre en su accionar debido a todo su proceso, mantenía cierta seriedad y no tenía afinidad por el baile, luego de todo lo que yo bailé para él cortamos la cinta de la resistencia, y el juego, el baile y la risa se apoderaron de la relación. Así, pudo divertirse con mi visión del juego con la vida y con mis rituales de la felicidad, claro que él bailaba mucho menos que yo, pero sonreía feliz cada vez que me veía hacerlo. Julieta escribía en el mail: «Lo que hace el amor..., un francés bailando ritmos tropicales, no eso no es posible, ellos sólo se besan bajo de la Torre Eiffel mientras suena *La vie en Rose*».

«Has visto muchas películas, la cultura impone, pero no encasilles», le contestaba yo añadiéndole una sonrisa virtual.

—¿Cómo es que te acercaste esa noche? –le pregunté a Pierre un día.

Él me explicó que cuando se retiraba olvidó la llave de la habitación, regresó al salón y me vio.

—La forma en que observabas al pianista, con una mirada extraña, muy serena, no soy un italiano —dijo—, esa serenidad y que hubieras coqueteado conmigo esa mañana me alentó.

—¡Fuiste tú quien coqueteó conmigo! Quiero decir, ¡primero! —dije.

Él rio.

—Yo lo percibí al revés —aseveró.

—Yo lo percibí al revés —dije y reí. Como él había sido un guerrero, imagina cómo advirtió mi explicación sobre los procesos de aprendizaje esa noche. Cuando Pierre recordaba esos momentos, yo reía y bromeaba: «Con razón no pudiste dormir un par de horas, yo que pensaba que era por mi ceñida figura». Pierre me aclaró, con cierta picardía, mostrándome los encantos de su sonrisa coqueta, que fueron ambas cosas.

También me aclaró que, aunque la nota que dejó al marcharse decía que me vería pronto, había meditado mucho antes de llamarme la primera vez, y no porque no le gustara sino porque justamente sentía lo contrario.

En ese momento de su vida, sus expectativas del amor resultaban muy distintas a las que tenía tiempo atrás; por ello el romance fue desarrollándose con cierta discreción, esas mismas expectativas hicieron que no exhibiera actitudes demasiado eróticas esa noche en el *château*.

—Yo ya no estaba para romances de verano o de otoño —dijo haciendo alusión al tiempo en que nos conocimos—, tampoco estaba muy dispuesto a enamorarme.

—¿Por eso yo era un enigma? —pregunté.

—Sí —contestó—, no sabía si debía alejarme o acercarme a ti. En verdad sentí algo de miedo.

—¿Miedo? —pregunté con sorpresa y una sonrisa.

—Sí, un poco —dijo con una mezcla de dignidad con travesura. Luego sonrió. Hizo una pausa y enseguida continuó.

—He estado de los dos lados —dijo.

—¿Cómo que de los dos lados? No entiendo —añadí.

—No he podido enamorarme de alguien que se enamoró de mí. Fue una lástima porque es una buena persona y mujer, y me he enamorado de quien no se enamoró de mí.

Yo no pregunté nombres ni datos, porque aquello pertenecía a su intimidad y no me correspondía irrumpir en ella, para mí, lo que él me contara cuando quisiera hacerlo estaría bien, lo que callara estaría bien. De ninguna manera le permitía a mi mente que me ocasionara conflicto provocándome elucubraciones. Algunas veces dentro de una relación las ideas se nos confunden y queremos ser dueños del otro, tan dueños que pretendemos poseer su vida y hasta sus pensamientos, eso resulta irónico, porque no solemos ser totalmente dueños ni de los propios. Con esa confesión entendí por qué se mostró defensivo cuando expresó su amor.

—Ése era el motivo de tu reacción cuando expresaste que me amabas –dije.

—Sí, me costó en un inicio aceptar lo que estaba sintiendo, pero más me costaba dar el paso para entrar en la relación, hasta que ya no pude hacer nada. Resultó más difícil resistirme. En el momento en que te expresé mis sentimientos, me surgió la duda de si habría interpretado mal los tuyos.

Yo sonreí, sintiéndome muy orgullosa de él. ¡Era un valiente!

—Cuando nos conocimos en el *château*, me encontraba en un momento en el que me sentía cómodo, sin expectativas en cuanto al amor, muchos de mis amigos trataban de presentarme a alguien, salía pero no iba más lejos.

—Entiendo perfectamente ese estado en el que nadie te interesa –dije.

Él sonrió.

—Parece que Cupido no se había enterado de que no querías ni flirteo ni amor, haciendo que olvidaras la llave en el restaurante –dije tratando de bromear.

Él sonrió de nuevo.

—Pensaba conversar un momento esa noche, porque estaba un poco aburrido luego de la cena –me aclaró.

Yo reí.

—Pero cuando empezamos a hablar, sentí un poco de temor porque mi interés por ti se despertó, a causa de tus ideas ¡me interesaste!, algo que no me había pasado en mucho tiempo. Fue un dilema porque vivías muy lejos de mi país —dijo—, y esa penetrante mirada..., en esos momentos ya pensé que realmente eras una persona muy especial.

—¡Vaya! Y yo que pensé que mis ideas te habían abrumado.

Él sonrió.

—Si hubieras escuchado a mi mente en esos momentos... casi cometo sincericidio —dije sonriendo.

—¡Sincericidio! —replicó riendo—.

Yo también reí.

—¿Solamente querías conversar? —le pregunté con coquetería.

—En un inicio sí, quería saber qué es lo que me llamó la atención de ti esa mañana. Hay muchas mujeres hermosas en este país.

—Si —asentí—. Y supongo que varias han coqueteado contigo.

—Si —contestó Pierre.

—Al final de la noche no parecía tan buena la idea de sólo conversar. Además, estabas tan bella y tu vestido..., aquélla fue una gran prueba de autocontrol —dijo acariciando mi cabello.

—Mi mano sobre tu pecho manteniendo la distancia para enviarte el mensaje, ayudó —aseveré con gracia.

—Me gusta esa muestra de dignidad, pero no, no lo hizo —dijo con aire risueño enredando mi cabello.

—Yo no te hubiera permitido más muestras de erotismo que ése —añadí en tono bromista.

—Yo no estaría tan segura —respondió él con toda confianza.

Y dejé que su ego varonil se manifestara y presumiera un poco.

Pierre y yo sin participar de ideas o debates moralistas coincidíamos en que el amor es un asunto serio y que es mejor ser responsables, honestos y valientes con los afectos.

—Entonces, ¿ha habido varios romances de verano? —le pregunté una vez con liviandad y sin pretensión de entrometerme imprudentemente en sus asuntos del pasado.

—Sí, varios –contestó sin reparos–, pero nunca fui un cínico o un cobarde en el amor.

A ambos nos divertía la mutua compañía y la de la ciudad. Él con cierta discreción reía algunas veces, cuando yo ejercía mi condición de turista. Se sabía que se estaba en París en cuanto un pie pisaba la sala de llegadas del aeropuerto. Las espontáneas expresiones de amor de las parejas francesas parecían decir: ¡bienvenidos a la ciudad del amor! Supongo que tal bienvenida no resulta muy cómoda para los pudorosos o tímidos en las muestras del afecto. Cuando descendía la noche, las luces brillaban dejando caer más romance en el ambiente, invitando a enamorarse. Como buen francés, Pierre era desinhibido en cuando a las expresiones de amor en público, no demasiado, en justa medida como para que yo respondiera, tierna y cariñosamente sintiéndome cómoda y no el reproche de no disponer de la misma espontaneidad de una mujer francesa. En la intimidad, era otra cosa, la inhibición desaparecía con naturalidad. Como él también había aprendido a disfrutar, al igual que yo, casi como un reto, porque parece inverosímil, pero algunos de nosotros hemos tenido que tomarlo casi como un compromiso personal, para poder armonizar el disfrute con el alto sentido de la responsabilidad, los dos jugábamos con todo y compartíamos un respetuoso sentido del humor.

Un mes antes de partir de París, desde la ventana del departamento de Michelle, me deleitaba ante semejante paisaje. Estaba nevando, Michelle decía que era un invierno *doux* (suave), a mi piel no le parecía precisamente muy *doux*, porque cuando compartíamos espacio en la calles de París, las relaciones no eran tan cordiales, mas detrás de una ventana cobijada con el calor de la chimenea, encantada disfrutaba de su presencia. El timbre de mi móvil, que me avisaba de un mensaje, me distrajo. El mensaje era de Pierre.

«¿Me amas?», leí. «¡Claro que sí!», respondí. «¿Cuánto?». «Mucho». «¿Vas a extrañar nuestros paseos por el Sena y por París?». «No me he permitido pensar en ello y no quiero hacerlo ahora, respondí.

«Pues yo no los voy a extrañar, eso espero», dijo. Yo pensé que quería ocasionar un enfado para no tener que despedirse con dolor. Me pareció muy extraño porque él no era así. No contesté.

«Ve a la mesa de la entrada, mira dentro del cajón, he dejado un sobre para ti», escribió. Me dirigí a la pequeña mesita, que estaba al lado izquierdo de la puerta, junto a un raro objeto de cobre que Michelle usaba para colocar los paraguas. Abrí el cajón y encontré el sobre con mi nombre. Michelle entraba en ese momento.

—Lo dejó Pierre esta mañana, me pidió que lo pusiera allí –me dijo.

Lo abrí. Vi que contenía parte de un poema de Victor Hugo, del que él sabía yo disfrutaba y que pertenecía a *Cartas a la novia*, modificado por Pierre en algo para que fuese un «mensaje personal» como explicaría después.

Eres para mí un ángel, una hada, una musa,
un ser que sólo tiene de humano
lo que se necesita para estar al alcance de un ser terrestre y
material como yo, con el que quisiera te dignes compartir vida
y destino…

Pierre

Su cortejo parecía un cuento de otro tiempo, sin embargo su actitud caballeresca era elegante y manifestaba tan lúdica seguridad, que nunca lo sentí fuera de lugar, simplemente me divertía y me dejaba llevar. Aun cuando aquel poema me parecía hermoso, en ese momento el desconcierto arremolinó mis pensamientos y me desconcertó, no supe qué pensar ni cómo reaccionar. ¿Era una proposición o tan sólo un poema romántico al más estilo parisino de antaño? Yo no había pensado antes en ello y no sabía qué pensar al respecto, si era una proposición, cuál sería la forma, cuál sería su idea, cómo poder saberlo, si ni siquiera conocía cuál sería la mía.

Luego de unos minutos, Pierre envió otro mensaje. «¿Encontraste el sobre?», escribió. Yo contesté que sí. No supe qué decir. Luego de unos momentos un poco incómodos, me invitó a cenar.

Esta vez me puse «todo el armario», considerando que el invierno extendía sus brazos con todo rigor. Ante la imposibilidad de que pasara a recogerme debido a una reunión de trabajo de última hora, bien abrigada, me dirigí esa noche a su departamento. Entré, Pierre acababa de llegar, me abrió la puerta sosteniendo, en lugar de flores, su gran sonrisa.

—No te rías de toda la ropa que cargo –dije tratando de eludir los nervios que me habían invadido con toda la comodidad desde que leyera el contenido del sobre.

Él rio sutilmente ayudándome a retirar «todo el armario» de color negro que me había resguardado del frío y dejando al descubierto un delicado vestido blanco. Encendimos juntos algunas velas. Confieso que, aunque había hecho lo posible para no permitir que pensamientos impertinentes me robaran la felicidad del momento, pensando qué iba a suceder entre nosotros, a causa de la distancia de nuestros respectivos países, y sin saber cuál sería su proposición, al ver su sonrisa cuando me servía una copa de vino me invadió un sentimiento de tristeza que supuse se expresó en mi rostro. Él dejó de lado el vino, se acercó y me dijo:

—Si llego a saber que mi sonrisa te hubiera puesto triste, te habría comprado flores.

Yo reí. Tomó nuevamente la botella, sirvió vino en las copas y me ofreció una.

Pierre empezó una conversación sobre lo que implica no invadir al otro, sobre respetar nuestros espacios y sobre permitirnos SER, con todos nuestros anhelos. Yo estaba de acuerdo con esos conceptos, pero en un inicio creí que tales comentarios eran a propósito de uno de sus amigos, que estaba viviendo una relación difícil con su esposa y se sentía limitado por ella en la consecución de sus propósitos. Yo lo escuchaba. No sabía qué decir. No quería ser yo quien iniciara la conversación sobre el poema. Repentinamente calló para servirme más vino, ya que había sido éste el cómplice de mi silencio y lo había consumido en un tiempo inusual.

—Espera un momento –dijo dirigiéndose al estudio. Regresó con un sombrero negro de copa en la cabeza y con un libro de Victor Hugo en la mano. Llevaba puesto un frac, escogido a propósito para matizar el evento con algo de comicidad, que enfatizando la pretendida solemnidad del momento combinaba a la perfección con el llamativo sombrero. Abrió la página en donde estaba impreso el poema que había dejado en casa de Michelle y con su típica actitud lúdica, quitándose el sombrero, con una reverencia exagerada y graciosa que me hizo reír, dijo:

—¿Quieres dignarte a compartir conmigo vida y destino? —sonrió. Quedé sorprendida por el asombro que me producían ciertos rasgos de su personalidad que le permitían pasar de ser un sobrio ejecutivo a un niño juguetón. Continuó ya con más seriedad y apenas algo nervioso.

—He estado buscando proyectos que me permitieran vivir en tu país o cerca de él. Si estás dispuesta, cerraré mañana el acuerdo con Stéphane para llevar a cabo proyectos en Sudamérica. Viviré en los dos lugares, más allá que aquí, luego iremos viendo qué nuevos pasos damos, si estás de acuerdo. Mi hijo Olivier quiere cursar su último año de secundaria en Madrid para aprender mejor el idioma, que, como sabes, lo habla poco, y vivirá con mi padre. No ha decidido aún si irá a la universidad allá o aquí, pero me ha dicho que lo más probable es que sea en Madrid.

Cerró el libro y me miró fijamente. Ya puedes imaginarte cómo me quedé. Pierre era un hombre intrépido, un hombre lleno de sorpresas.

—Ya no soy presa de mis creaciones, ni de los miedos, Eliza. Usando tus palabras, elijo la libertad de experimentar la felicidad, de no temerle por miedo a sufrir —dijo mirándome con expectativa.

Admiré su valentía de expresar abiertamente lo que deseaba y esperar mi respuesta, esta admiración más adelante cobraría mayor valor al conocer otras de sus experiencias y saber que frente a todo, él, se permitía ser leal a sí mismo. Yo corroboraba que mi espíritu era hoy más libre; por ello, había atraído a alguien tan libre como yo.

—El proyecto comienza en pocos meses, por tanto, haré los arreglos rápidamente si tú aceptas —dijo.

Yo aún no salía de mi asombro, estaba presente el sentimiento pero era un gran cambio para mí. Durante esos últimos días, a pesar de mi renuencia a pensar qué iba a pasar con la relación, una incógnita había acudido a mi cabeza con reiteración. Debido a que vivíamos en lugares tan lejanos –pensaba–, esto terminaría en un romance de verano y habría de dejar ir a Pierre como se deja ir a los grandes amores, con amor y no con dolor, como había dicho Alejandro, sería que la vida iba a llevarme a comprobar que ello era posible. En un momento fastidiada un poco con la impertinencia mental que a todos nos aqueja de vez en cuando o muy frecuentemente si le damos oportunidad, mi corazón enamorado finalmente decidió encargar el desenlace de la relación a la laboriosa brisa del tiempo y no preocuparme más, sin permitir que la mente no me dejara vivir el momento alertándome constantemente de que aquello podría acabar en pesares. Había permitido que se colara en mí una grácil paz para vivir esa historia, consintiéndome especular que no resultaría en dolor para ninguno de los dos, sea cual fuese la conclusión. Por esa suerte de conciencia de la alegría presente, la proposición representaba un gran inesperado cambio y decisión, una gran aventura que no dejó de inquietarme y confieso que el miedo se abrió paso en mí con mucha facilidad. ¿Quería realmente dar ese paso?, me pregunté atónita.

Un pensamiento comedido de esos a los que le sobran las opiniones, porque por supuesto nadie se las ha solicitado, dijo:

—No me digas que a estas alturas tú vas ser la del miedo.

—No es miedo –dijo otro pensamiento defensor de causas ajenas, es… sorpresa.

Un pensamiento con tono de amigo de confianza dijo:

—Ahhh… y… ¿más o menos cuánto va a durar la sorpresa? Mira a Pierre –y miré sus ojos tan expectantes.

Justo en ese momento sonó el teléfono de Pierre, como si la vida quisiera darme unos instantes más para pensarlo, pero mi cabeza se negaba a hacerlo. Él interrumpió el sonido del teléfono sin contestar. De inmediato volvió a sonar. Después supe que la primera llamada era de Stéphane, la segunda, de Michelle. Como ésta no acostumbraba a llamar, él contestó. Michelle le explicó que había estado llamándome, pero que yo tenía mi teléfono apagado, y le preguntó por mí. Por lo visto, ella había perdido la llave de su departamento y no podía entrar. Él me pasó el teléfono. Yo accedí a que recogiera la llave en casa de Pierre. Al final de la llamada, balbuceé lo que acordé con Michelle. Él me miró, yo lo miré. Ambos teníamos en el corazón y en el alma un sentimiento que nos desbordaba, él de expectativa, yo de ¡incertidumbre!

Stéphane era ingeniero y empresario francés. Pierre había trabajado con anterioridad para él en algunos proyectos y, movido por el inquietante interés de consolidar la relación conmigo y por su deseo de vivir prolongadamente el amor, lo llamó. Éste le mencionó que la empresa de Stéphane formaba parte del consorcio que construiría el metro en Quito, gracias a que había obtenido la licitación. Pierre concibió la idea de que podría abrirse esa oportunidad, aceptando sin remedio los arrebatos de la mente que le hacían repensar la decisión y devorado por la curiosidad, teniendo que aceptar con dificultad la espera de dos semanas para reunirse con él porque se encontraba de viaje. Mientras tanto, su convicción de continuar la relación conmigo y de mudarse se fue afianzando, optando por guardar silencio frente a mí siendo incapaz de adelantarse a los acontecimientos. Yo sentía en el ambiente algo que no podría explicar. Algunos días estaba felizmente cercano, entusiasmado con todo lo que hacíamos, y otros, por instantes, parecía consumido en su mundo interno, mirando intensamente mis ojos como si quisiera divisar un horizonte, como si mi mirada lo transportara a otro lugar. Pierre se sorprendía a sí mismo en esos instantes y regresaba al momento halagando mis ojos. Yo extendía mi sonrisa.

Al cabo de varios días, le pregunté con la virtud de la prudencia y el decoro si todo iba bien. Él contestó rápidamente con un «*oui, oui*». Como sabía por su propia boca que todo lo relacionado con su trabajo y su hijo marchaba bien, su huida del tema me hizo imaginar que su actitud coincidía también con ciertas tribulaciones de mi mente. Tal vez sus pensamientos estarían adelantando el momento en que tendríamos frente a nosotros el dilema de la decisión de qué hacer con aquel amor. No insistí.

El metro en Quito sería el primero que se construiría en Ecuador. Pierre me comentó que era costumbre de Stéphane cuando decidía invertir en algún país llevar a cabo la investigación de otras oportunidades de negocios, porque podría aprovechar el contingente humano que él trasladaba al país, así también logró el contrato para la construcción de un nuevo y lujoso hotel perteneciente a una cadena mundial en la misma ciudad. La constructora con la que se asociaron en Ecuador presentaría su oferta para el desarrollo de un gran proyecto de vivienda popular en sectores marginales en Perú. Pierre participaría de los dos proyectos en Ecuador y en Perú del diseño de las viviendas y de las áreas públicas. La especialidad en urbanismo y vivienda urbana formó parte de los «debes» de Pierre.

—Nunca pensé que algo que estudié por mera obligación me serviría y que me iba a sentir feliz de poder tener esta oportunidad, no podía haber venido en mejor momento. La vida tiene sus razones –dijo.

Aunque, para emitir mi respuesta necesité unos instantes de espera, supongo que la percepción de ambos era que parecían largos. Me acerqué, lo abracé, lo besé. Esta vez Pierre ya no se asustó por mi reacción. Le dije simplemente que ¡sí!

El pensamiento comedido que estuvo criticándome por el repentino miedo respiró aliviado, esta vez salió con bendición. El defensor de causas ajenas dijo: «¡Ves!, sólo estaba sorprendida».

—*Et voilà!* –dijo Pierre.

Reímos sin decir nada más. No se habían inventado otras palabras que hubieran podido ser expresadas en ese momento por dos almas enamoradas.

Yo sabía lo que le costaría a Pierre pasar de un trabajo de diseño y glamour a uno donde tendría que ver la cara más ruda de la violencia, la pobreza, pero entendí que ésa también era una ruta que escogía su alma y me sentí feliz de que ese hombre valiente para demostrar sus emociones, para tomar decisiones que lo hacían feliz, aun con los retos que implicaban, para permitirse la libertad de ser y para permitirse vivir el amor, estuviera a mi lado, agradecí a la tecnología que facilitaba hoy manejar las cosas a distancia.

Durante aquella semana, Pierre cerró la negociación con Stéphane y llegó a un buen acuerdo con Philippe, su socio. Continuarían trabajando con los proyectos pendientes de su empresa, Pierre se encargaría de los diseños con un limitado grupo del equipo y Philippe con el resto de colaboradores, de su desarrollo. Ante la noticia del cambio de su residencia a mi país, Pierre fue objeto de abundantes bromas por haber sido alcanzado de esa manera por la flecha de Cupido, considerando que en el último tiempo había decepcionado a la buena voluntad de más de un amigo empeñado en conseguirle pareja. Uno de ellos, poseedor de un sentido del humor atípico para un parisino, porque no es que les falte ese sentido, sino que suele ser muy diplomático, le llamó de una forma particular. Algunas veces resulta difícil trasladar una broma de otro idioma, pero lo voy a intentar, traduciéndolo al español sería: «el flechado sin piedad», Pierre rio, yo reí. A pesar de aquella inofensiva broma a costa de Pierre, todos estaban contentos por él, le habían visto pasar momentos difíciles con el amor. Los amigos suelen ser lo más cercano a los bálsamos para el dolor. Esa noche, en su departamento íbamos a celebrar el cierre de los nuevos negocios, con una botella de *champagne*. Estaba ubicando la botella en una hielera y a su lado un par de hermosas copas y se me ocurrió complementar el obsequio con algo más juguetón, un nuevo *negligée* negro que había comprado en una tienda de lencería cerca de casa de Michelle. Lo busqué y lo empaqué en una caja de regalo. Me senté en una de las sillas del comedor de su departamento, me dispuse a escribir algo para acompañar la caja. Primero esbocé una pequeña nota, luego pensé, mejor un poema. Un pensamiento juicioso, de esos que le hacen a uno reflexionar cuando se nos ha volado el sentido común, se permitió perturbar la inspiración y dijo: «No seas cursi, ¡poema! ¡Mira que eres atrevida! Él te regala un poema en el que te dice que eres un hada... una musa... y tú le regalas un *negligé*, y ¡quieres acompañarlo con un poema!». Solté una carcajada, dándole la razón, la riña era acertada, en verdad no era buena idea. «¡En qué estaba pensando!», dije sacudiendo la cabeza. Ahí quedó, a medio escribir. Mientras doblaba la tarjeta con el que hubiera sido un poema, a fin de acabar de arreglar juiciosamente el *negligé*, apareció de inmediato otro pensamiento del grupo de los románticos y me dijo: «No la molestes, si quiere un poema, está en su derecho». Le salió al paso uno con aire de erudito y dijo: «Está bien solamente el *negligé*, a las mujeres les gustan los poemas, a ellos los *negligés*». Luego apareció otro, uno vanguardista, sintiéndose ofendido, dijo: «Ésos son estereotipos, en realidad, es un obsequio inteligentemente egoísta». «¿Como que inteligentemente egoísta», preguntó el juicioso. El vanguardista contestó: «El regalo es en realidad para ella, es bueno que una mujer se sienta sexy, lo que redunda en un obsequio para su pareja». «¡Basta! –les dije a todos esos pensamientos–, la verdad es que podéis enredar a cualquiera».

Cerré la caja y llegó Pierre. No hay poema, no hay tarjeta. El trofeo de la disputa se entregó a quien debía de entregarse, al pensamiento juicioso. Abrió la caja y miró el *negligé* que extendió ante mí. Con *charme* (encanto) francés dijo:

—*Umm, mon amour...*, ¡tú usando esto!

Casi se dibujaba en el ambiente su satisfacción. La creatividad en el amor resulta tan deliciosa –pensé–. Me alegré de no haber incluido el poema y de haber ignorado al pensamiento despistado que fue el que generó la idea disparatada.

«¿Regalo egoísta? No lo sé, pero ese egoísmo es muy bueno», me dije.

El poema fue rescatado por Pierre fortuitamente al día siguiente de entre los papeles que iban a ir a parar a la basura. El pensamiento juicioso y yo nos quedamos helados. Lo leyó. Tuve que confesar que la idea de la mezcla del *negligé* con el poema me pareció un poco cursi, desatinada. El rio al igual que yo. A Pierre le gustó el medio poema, lo guardó.

—¿Estabas seguro que aceptaría? –pregunté.

—La verdad, sí.

Lo dijo con tanta seguridad que hasta me sentí desprotegida sin esa parte de misterio que toda mujer quiere tener, pero enseguida añadió:

—Por supuesto, consideré otras reacciones de tu parte, pero te amo y quería correr el riesgo –dijo sonriendo–, tampoco soy un iluso, ya conozco las señales del desamor, también los de la cobardía. Y no vi ninguno de los dos en ti.

Si hubiera escuchado el diálogo de mi mente en esos momentos, quizás no pensaría igual. La cobardía pasó rozándome de cerca y hasta quería que me fuera con ella.

—Claro que percibí tu ligero desconcierto –dijo.

Sonreí.

—De la forma que lo hubiera hecho, formal o jocosa, no podía saber con certeza cuál sería tu respuesta, aunque confiaba en ti, en tus sentimientos, en nuestra relación –añadió.

—Me encanta tu creatividad –dije–, pero amo tu coraje.

—Stéphane y Michelle siempre tan oportunos –dijo.

—Sí, realmente –añadí sonriendo.

—Lograron ponerme un poco nervioso –confesó.

Yo reí y le abracé.

—Arriesgué con jocosidad –dijo bromeando–. Ya que me iba a arriesgar…

—¡Ah!, kamikaze –dije, devolviendo la broma.

Él rio y me besó.

—No. Leal a mí mismo –dijo sin viso de presunción. Supuse que aquella corta frase tenía una larga historia.

Yo había sentido en mis ojos varias veces en esos últimos años el brillo iluminado de un corazón enamorado de la vida, con el viento rozando mis mejillas cuando caminaba tranquila por una calle cualquiera, libre de miedos, agradeciendo a la vida, permitiendo a mis pensamientos conectarse con la sublimidad de la existencia, sin el eterno parloteo de la disputa entre el pasado y el futuro, permitiendo poco a poco la guía de mi Maestro Interior, permitiendo conectarme con la sincronía perfecta del Universo que hace que un sol disciplinado caliente la tierra cada mañana, que la lluvia caiga arrastrando pesares, que las plantas, sin dejar de ser abundantemente productivas y eficientes, comprendan la vida sin esfuerzo y gustosas se muestren en sus mejores galas, coincidiendo con las intenciones que cada estación propone. Lo había sentido cuando valoraba la devolución de la sonrisa de quien recibía la mía, sabiendo que constituye todo un proceso el que alguien devuelva una sonrisa sin duda a un «extraño». También cuando intuía a quién esa reciprocidad le resultaba difícil o imposible, lo que suele deberse con frecuencia a tribulaciones de la mente, porque hay dolores que han aprisionado a la risa o se han llevado la conciencia de que podemos reinventarnos cada día, pero en esos momentos el brillo en mis ojos y el resplandor de mis mejillas tenían también nombre de humano, Pierre. Era imposible empujar la sonrisa.

Meses después, regresé a Ecuador. Tenía el corazón inundado de agradecimiento, no sólo viví la fiesta de París, sino que, coincidiendo con Hemingway, ella me siguió. No imaginé que al tomarme el tiempo para escribir y enviar un mensaje de paz, una apología a la vida, la existencia me engalanaría con semejante regalo, y eso que ni siquiera había terminado el libro, la «fiesta» me había distraído; sin embargo, exhibí orgullosa el regalo del amor de Pierre dentro de mi corazón, sin ningún reparo disponiéndome a continuar.

CAPÍTULO 10

VIVIR EL AMOR CON COMPRENSIÓN

La naturaleza brillante de la que está hecha el amor se hace notar en los ojos. Aprecié ese brillo en los de Pierre cuando salió de la sala de llegadas del aeropuerto de Quito al anochecer, al poco tiempo de mi regreso. Una inmaculada blancura exhibía la luna, dejando aún apenas un pequeño espacio oscuro, tal vez pretendiendo ser cómplice del festejo de tan valientes decisiones. Hasta mi departamento, desde el aeropuerto había un relativamente corto recorrido. Cuando llegamos al parking subterráneo del edificio, aparqué el coche, y sujetando el pañuelo de seda azul, que estaba en el asiento trasero le expliqué que quería jugar. Sonrió. Los dos estábamos acostumbrados a que cada uno ideara sorpresas para el otro, aunque también son un regalo para uno mismo. Aceptó de buen agrado.

—¿Estás cansado? –le pregunté.

—He dormido muchas horas en el vuelo –dijo– adelante, quiero jugar.

La noche de las velas con Pierre, las imágenes de él con el sombrero de copa recitándome un poema de Victor Hugo y muchas otras en su compañía cargadas de fascinantes emociones, cuyo recuerdo me provocaban grandes sonrisas, quedaron bellamente escritas en el gran libro de mi historia personal. Todos tenemos uno.

Tiempo atrás había reparado que en el recorrer de los años, solamente los grandes eventos, esos que son unos cuantos en la vida reciben páginas especiales, muchas de las hojas poseedoras de un encanto singular se deslizan inadvertidas; mientras ilusoriamente creemos que la rutina o la inercia nos hacen compañía. Algunas veces alguien con o sin nuestra autorización escribe una o varias páginas grises en nuestro hermoso libro, esas que resultan un tanto difíciles o dolorosas, añadiéndole una buena dosis de respeto y amor por uno mismo, pueden ser reescritas con la pluma de una nueva percepción, logrando así alquimizar nuestras historias. Desde aquel momento decidí tomar conciencia de lo que iba escribiendo en mi gran libro, también de la pluma que usaba para escribir en el libro de otros. La elección de usar delicada creatividad, toda la gracia y estilo que pudiera para redactarlo me había procurado una experiencia de vida muy distinta en los últimos años, ya sea con cosas sencillas y cotidianas o acontecimientos algo más significativos que me hicieran sentir feliz, viva, agradecida. Así me pregunté varias veces, ¿en verdad voy a dejar que esta situación o persona escriba una o varias páginas con pluma gris? No, mejor tomo conciencia de cuál es el aprendizaje de esa situación, pongo los límites apropiados y evito rápidamente ese color de pluma en las páginas de mi historia personal –me respondía–. En otras ocasiones me pregunté: ¿en realidad quiero escribir esto en mi libro?, o, ¿conviene seguir interpretando esa página con ciertos episodios vividos de esta manera? Varias veces me contesté que no. Esta suerte de toma de conciencia resulta de gran ayuda en la toma de decisiones. En otras ocasiones, con todo entusiasmo me inspiré, y es que para vivir la felicidad también hay que provocarla.

Esa noche redacté mi libro con toda conciencia y prolijidad. Dejando el equipaje en el coche, vendé los ojos a Pierre cuando entramos en el ascensor y subimos al departamento. Recuerdo de un viaje a Turquía, tenía un CD de música árabe instrumental, de un grupo llamado Café Anatolia, que a él también le gustaba, donde varios instrumentos tocaban desde la dimensión de la sublimidad. Mientras reíamos me quité rápidamente el abrigo amarillo que me estaba incomodando un poco, dejando al descubierto un vestido negro que era uno de los más apreciados por Pierre. Sujeté el mando que dejé a propósito a mano, encendí el estéreo desde donde se controlaba la ambientación musical de todo el departamento, que se hallaba dentro de un mueble detrás del vestíbulo en una pequeña sala de estar. En un volumen apenas alto, los sonidos de la composición «*Gülümcan*» escaparon majestuosos, con tal gloria que estremecieron mi piel, ya tan acostumbrada a conectarse con la esplendidez de la creación, llamada música. Desde que la promocioné para él, Pierre solía escuchar encantado esa composición, lo llevé hacia un cómodo sillón en el salón principal, sin apoyabrazos y de respaldo corto, para poder abrazarlo sin estorbo. Suavemente, le ayudé a sentarse. Un par de lámparas alumbraban sutilmente el lugar, dejándolo a media luz. Pierre amaba el chocolate, se decantaba por chocolate negro de personalidad fuerte. Agarré una dorada, pequeña y redonda uvilla, fruta originaria de Sudamérica bañada en el fino aroma y sabor de un provocativo chocolate, parcialmente negro de sabor penetrante y rico en matices hecho maravillosamente en Ecuador, país poseedor de uno de los mejores cacaos del mundo. La acerqué a sus labios, permitiendo que su aroma invadiera el olfato de Pierre. Él aceptó la exótica fruta de mis manos y la saboreó. Lentamente me puse detrás del sillón. Acaricié con mis manos su rostro desde atrás, con tanto respeto que yo misma me estremecí, me incliné un poco para que mi cuerpo pudiera cobijarlo. Me acerqué a su oído, casi como una apología a los maravillosos sentidos que nos acompañan para saborear la vida, en un susurro le dije: «Siente mi amor, escucha los sonidos de la música, aprecia el gusto de la alegría y el olor de mis manos» –rociadas con el aroma de un sutil perfume–. Pierre sonrió, supe que lo disfrutaba. Terminó la composición, dejé un beso en su mejilla izquierda, otro en sus labios y, ya frente a él, descubrí sus ojos. Con sus manos tomó mi rostro, lo puso a su alcance, me brindó en la frente el beso más reverente y dulce que habría podido recibir. Sentí que su ser honró el mío. Mis pensamientos creativos habían imaginado muchas reacciones de él, pero no ésa. La sensualidad que llevaría a cuerpo y alma al éxtasis de amor se demoró unos minutos en llegar. Primero se hizo presente la «reverencia», palabra que incluía con frecuencia en mi vocabulario, luego de que Pierre me explicara que su verdadero significado era: honrar, agradecer y valorar. Una polifonía de sentimientos se deslizó, devolví su gesto con un suave beso en sus labios. Miró mi vestido y lo elogió. Le mostré mi hogar. La página de la historia personal de Pierre de su primera vez en Ecuador quedó grácil y bellamente escrita, su recuerdo rememorará la música, el pañuelo de seda azul, las uvillas, mis abrazos y posteriormente mi piel fundiéndose con la suya en esos momentos de celebración del amor. Yo, adicionalmente, recordaría el significativo beso que puso en mi frente con «reverencia».

Empezamos nuestra nueva aventura en esta vida jugando, riendo y acostumbrándonos a estar juntos en un lugar distinto para él. Esta vez fui yo quien lo llevó al Cotopaxi –nombre que significa 'cuello de la luna'– y a un recorrido por la «Avenida de los volcanes», un sendero de colosos de tierra que se elevan a lo largo de varios países sudamericanos permitiendo observar la grandiosidad de los Andes. Le mostré la bella cara de Ecuador, un hermoso país de contrastes, con una riqueza natural incalculable y miles de especies endémicas, con cuatro regiones geográficas: la montañosa, la tropical o costa del Pacífico, la maravillosa selva y las encantadas y famosas Islas Galápagos, que inspirarían a Darwin su teoría de la evolución. Al estar situado en la latitud 0, es decir, entre los hemisferios norte y sur, es poseedor de una eterna primavera, con microclimas, a lo largo de su territorio con gentiles variaciones. Al experimentar el clima, Pierre entendió por qué mi piel exigía tanto abrigo en el invierno de París.

Entusiasmados, recorrimos el centro histórico de Quito, que es uno de los más grandes, menos alterado y mejor preservado de América. Subimos al Panecillo, una elevación natural a tres mil metros sobre el nivel del mar, en el mismo corazón de la ciudad, desde ahí, ésta develó su esplendor ante los ojos vivaces y serenos del hombre que yo amaba. El estilo barroco de la magnífica iglesia de la Compañía, construida en el año 1600, le gustó. Observó varias pinturas, producto del sincretismo de la época. Fuimos a la iglesia de San Francisco y visitamos la de la Basílica, con su imponente arte y su estilo neogótico. Él quería ir a la selva y a las Islas Galápagos en algún momento. Los colores, los sabores de esta hermosa parcela de la tierra descubrieron para él su mágico encanto, y compramos un paraguas menos sofisticado que el que teníamos en París, porque aquí, por la bondad del clima, la naturaleza del viento es bastante más benevolente y la lluvia, aunque algunas veces le gusta jugar al juego «de lluevo o no lluevo», no resulta tan caprichosa, por lo menos avisa con un poco de anticipación.

Pierre estaba fascinado con sus experiencias, en Ecuador había privilegios que allá no existían, y viceversa. Conforme su ahora mágica aproximación a la vida, él disfrutaba de todo como un crío, pero él no es un chiquillo, porque es muy gratificante que el niño interno esté presente para asombrarse de la vida, no para vivirla con inconsciencia. Él es un ser particular, uno poseedor de una deliciosa amalgama de la madurez de un adulto con la habilidad de juego de un niño. Digo «deliciosa», porque no hay nada más seductor que un adulto sensato empoderado por un saludable amor por sí mismo, mezclado con la sonrisa transparente y la alegría, producto de la capacidad de un disfrute sano, proveniente de haber liberado a su niño.

Frente a mi valoración por esta interesante combinación, él decía con aire lúdico y pretendida erudición: «Ninguno de los dos está bien sin el otro». Una vez liberado el miedo al ridículo, a la vergüenza y las creencias limitantes que hacen creer que ser felices, joviales y juguetones, resta responsabilidad o hace lucir ilusos, se siente cómodo el niño y se expresa el adulto con madurez y seguridad sin perder la formalidad y la sensatez. Las palabras de Pierre me hacían recordar la frase que oí en un reportaje visto tiempo atrás: «Un niño herido hará del adulto un ser perennemente duro o triste, o agresivo; un niño sano entenderá que, a veces, el adulto puede estar triste, pero saldrá a jugar en cuanto pueda. El niño ayudará al adulto en su espiritualidad, porque no se tomará demasiado en serio nada y el adulto le dará la estructura, la responsabilidad».

Reconozco que nunca había vivido una relación igual. A ambos nos había llegado el tiempo de los amores conscientes, no apegados, no limitantes. Éramos almas más sanas y, por tanto, más libres para compartir sin presiones ni exigencias emocionales, absolutamente comprometidos con el amor, con el amor a nosotros mismos, con el amor al otro, con el respeto, la lealtad y la delicadeza mutua.

Producto de nuestra libertad, implícito, llegamos a un acuerdo: el de permitirnos ser, todo lo que somos capaces de ser, permitirnos nuestra individualidad. Ello nos concedería la autonomía de experimentar un romanticismo sano dentro de las sábanas y fuera de ellas. Un romanticismo que no incluía la pertenencia del otro: nunca nos dijimos: «Eres mía o mío», aunque sentimos algunas veces la inercia de hacerlo porque a quien cada uno pertenece es a sí mismo y a una Energía Superior, que algunos llaman Dios. Nunca nos dijimos: «No puedo vivir sin ti», la vida es demasiado maravillosa para enviarle ese mensaje. No escuchamos más canciones que dijeran «sin ti yo soy nada», o «mi vida sin ti no tiene sentido», porque nosotros los humanos, somos muchas cosas, no un «nada» y toda vida tiene un propósito y un sentido, pero siempre agradecimos el amor del otro, porque es un privilegio ser amado por quien se ama. Yo le regalé, unos meses después, el separador de hojas en forma de flor que Alejandro me había obsequiado. Pierre era un jardinero.

Algunas veces, en compañía de la luz de unas velas o de la calidez del fuego de la chimenea, con una copa de vino, cantábamos o bailábamos al ritmo de diferentes melodías. A Pierre llegó a gustarle el movimiento de mis caderas latinas, en conjunción con la música tropical, también la tibieza de nuestros cuerpos juntos bailando en un abrazo de sensualidad al son de una romántica composición. Con frecuencia bailábamos *Les Yeux Ouverts* (Ojos abiertos), que nos recordaba aquella noche en que algo nerviosos subíamos las escaleras del *château*. La composición no es de origen francés, pero su versión en ese idioma es una maravilla, aunque la letra tenía otra connotación, su nombre me recordaba que es necesario tener abiertos los ojos del alma para mirar la felicidad. Sin problema emanaba un disfrute delicado de las diferencias culturales. Nos sentíamos tan agradecidos simplemente por vivir. Entendíamos la necesidad de desmitificar la espiritualidad y llevarla a un diario vivir, al son del movimiento de la vida, sabiendo que es posible vivir con espiritualidad y disfrutar de las bondades de esta tierra, en ese equilibrio se encuentra verdaderamente y sin confusión lo que llamamos felicidad. Juntos decidimos escoger la buena voluntad para dejar que la vida nos sorprendiera «por ser también de naturaleza bella y bondadosa».

Una noche de viernes, frente al espejo del baño de la habitación principal de mi departamento, intentaba decidir qué vestido usaría, coloqué sobre la cama un vestido de un azul intenso que resultó ser el elegido. Pierre y yo asistiríamos al cumpleaños veintitrés de Alicia, a quien yo había apoyado desde su temprana adolescencia. Alicia era hija de Paola, fallecida poco tiempo atrás y amiga cercana desde mi llegada a la capital. Terminaba de maquillarme para asistir a la fiesta. Iba a perfilar mis labios, que también eran herencia de mi abuela materna. Como el de ella, mi labio superior forma un pronunciado corazón, que solía ser alabado por mi madre. Una imagen de hermosa ternura, cual atesorada reliquia invadió mi memoria. De pronto en un pequeño espejo que me servía para el cometido, contemplé una escena. Embadurnados mis labios de helado, mi madre se acercó y dijo: «Bonita, déjame limpiar tu boca de corazón». Es uno de los pocos recuerdos que tengo de ella, además de que usara largos abrigos en los que solía hundirme tratando de protegerme del frío, y su gentil insistencia por los modales y por el decoro; de mi padre biológico tengo recuerdos de abrazos y risas, pero en general una vaga memoria. Recogiéndome sin nostalgia de esa dulce remembranza, porque nunca más jugué a que ningún recuerdo fuese agridulce, delineé mis labios y les apliqué el pintalabios de un rojo intenso.

Pierre, que acababa de llegar para recogerme, elogiando mi vestido, como buen diseñador era muy visual y pocas veces se le escapaban esos detalles, me miraba desde el sillón de la habitación mientras esperaba con tranquilidad que terminara de acicalarme.

Cuando estuve lista, me paré en la puerta del baño con aire coqueto. Él me miró, se acercó, tomó mi mano y me hizo dar una vuelta.

—No dejarás de coquetear conmigo –dijo jugando.

—No –dije con toda certeza–. ¿Y tú notarás que estoy coqueteando? –le pregunté.

—Lo intentaré –repuso riendo–. Y si me distraigo un día y no lo noto, ¿te molestarás?

—¿Quién te ha dicho que no te has distraído durante este tiempo y no me ha molestado? –dije–. No han sido muchas veces, pero…

—Gracias –añadió con fingido asombro y solemnidad.

—De nada, pero no lo he hecho por ti, sino por mí, me parece una pérdida de tiempo enojarme por cosas sencillas, los elogios que no me vengan de ti porque estés distraído, sabré dármelos yo –aseveré sonriendo.

—Así me gusta.

—Y tú, por favor, sigue coqueteando conmigo –dije.

—Sí, lo haré –añadió con una sensual sonrisa.

Agarré su mano delicadamente e hice que sus dedos apenas rozaran un pequeño espacio de mi muslo, permitiendo que sintiera el liguero ubicado debajo del vestido, luego retiré su mano sin dejarle tocar más. Un delicado juego de sensual seducción siempre resulta oportuno. Su sonrisa coqueta celebró el jugueteo.

—Ya no deseo ir, estaré pensando en el liguero toda la noche –dijo–. Sonreí.

—Ésa era justo la idea –dije riendo–. Pierre acompañó su sonrisa con esa sensualidad tan propia de él y tan apreciada por mí, echando abajo también mis deseos de asistir. Nos pusimos mutuamente los abrigos y partimos a la fiesta.

—¿De qué color es el liguero? –preguntó Pierre acercándose a mi oído en un momento en el que el grupo con el que conversábamos se distrajo.

Yo reí.

—No, no, sin detalles, usa tu imaginación, adivina de qué color es –dije sonriendo sin acercarme a su oído y antes de tomar un sorbo de vino, complacida por la pregunta.

—De qué color es qué –preguntó una de las asistentes al vernos reír.

Supusimos que pensaba que se había perdido el chiste.

Ambos negamos con la cabeza, exhibiendo una delicada sonrisa para evitar la grosería de hacer notar que uno que otro pensamiento despistado se había autoinvitado a la reunión.

Pierre y yo éramos conscientes de que el proceso de crecimiento es continuo, pero estábamos agradecidos con la vida por todo lo que íbamos logrando cada día y por estar juntos. Luego de mucho meditar, sobre qué son, en realidad, la vida y la espiritualidad, llegamos a una conclusión: la vida es el juego más responsable y más serio en el que podía uno participar, donde todo tiene que ver con las motivaciones internas, que se muestran en las actitudes externas; donde podemos jugar de malos modos a que el ego nos motive, o jugar a asumir los desafíos, subordinando al ego al deseo de sabiduría y equilibrio. Ello implica una elección que lleva a un proceso muy prometedor, en el que yace la posibilidad de sanar las heridas interiores, liberarnos y mostrar vidas más iluminadas, de mostrar la esencia de nuestra verdadera naturaleza y, por supuesto, de vivir en paz y en algún momento en plenitud. Un juego en el que nosotros queríamos participar, viviéndolo con espiritualidad, que, finalmente, mi Maestro Interno dijo que se traducía en gratitud, respeto y amor hacia uno mismo y los demás, exhibidos en nuestros actos cotidianos. No obstante, entendíamos que algunos días podríamos vivirlo y que en otros sería todo un reto.

Con esa premisa, muchas veces con las cosas sencillas de la cotidianidad, provocábamos que se develase ante nuestros ojos la naturaleza del nombre escogido para el departamento, descubriendo que nunca antes habíamos tomado tan en serio la vida y sus responsabilidades, hasta que entendimos que la diversión del viajero es una percepción y una actitud frente a la existencia, diversión totalmente comprometida con la visión de advertir la grandiosidad de ella, y así poder vivir para agradecer, respetar y amar.

Con el proceso continuo de experimentar el amor por mí misma, con la tranquilidad de ya no necesitar dar o recibir perdones porque la conciencia ya no los exige, con la liberación de anular culpas, con la decisión de eliminar formas de pensamiento que me hicieran creer en el aprendizaje a través del dolor, con la decisión de retirar la crítica hacia mí y hacia los demás, me había quitado la armadura tiempo antes de conocer a Pierre.

Al empezar a mirar la otra llanura, recién, entendí todos los dragones que había vencido, todas las espadas que había usado, todo lo que me había preparado para la contienda, sabiéndolo o no. Había aprendido que mi fuerza no dependería de ondear mi espada, sino de una poderosa fortaleza interior, más sana y más libre para responder con equilibrio a los desafíos que abrillantaban mi ser, mientras mantenía mi paz. Supuse que habría nuevos aprendizajes porque por fortuna ¡aún tenía vida!, pero ahora me estaba volviendo una viajera más dueña de mí misma y de un poco más de aplomo y serenidad.

En esa nueva llanura, no hay interpretación limitante de retrocesos cuando nuestra humanidad nos gana y nos sentimos o hemos sido más humanos y menos sabios y espirituales, provocando la creencia de que se ha sufrido una recaída a patrones de comportamiento antiguos, produciéndonos miedo a nuestro rostro anterior menos pulido y menos consciente, por tanto, desazón. La creencia de que la luz se enciende una vez en nuestro interior y lo demás es innato llama a esa impresión.

El camino de una mayor armonía, del despertar, implica encender la luz todos los días, como lo hace el Universo con el sol, como lo hacemos con el interruptor de casa, evitando la insana decepción del propio ser o del de otros cuando haga la aparición momentánea algún patrón antiguo que estorbe, recordando solamente que cada día empujaremos con donaire rasgos ensombrecedores de personalidad que irán liberándonos aún más. La diferencia será que lo haremos con paz, siendo observadores y no justicieros. Eso es congruencia porque, finalmente, somos seres espirituales cuyos retos consisten en vencer las fisonomías de la personalidad, que dificultan la expresión de la belleza del alma para que brille la Luz. En ese camino del empoderamiento humano se va encontrando la propia naturaleza Divina. ¿Hay algo más hermoso que eso? Julieta, tiempo atrás, me regaló un libro, de cuyo interior extraje una frase para acompañar el recorrido por el nuevo camino elegido: «... no sientas que has fallado algún examen de espiritualidad. Sólo se trata de cosas. Simplemente míralas, ámalas y déjalas ir. Te han servido bien todos estos años, pero ya no las necesitas más».

Había dejado el peso de aquellas cosas que me limitaban y decidí continuar con mi liberación, sin las elucubraciones sobre el futuro, encontrando la tranquilidad de la conciencia de saberme recorriendo una vida, no al azar, sino como todos, al encuentro del bien más preciado: la experiencia del amor, a través de la aceptación de nuestra Divinidad, con sensatez y humildad, y la de los demás. Un día, mi Ser Interno me dijo: «Encuentras tu paz cuando me encuentras a mí en ti». Él constituía mi porción de la Gran Energía Suprema. Obviamente estaba en el proceso, pero lo que sentía yo sin las pesadas cadenas que había logrado quitar era mágico. Había valido la pena.

En ese autodescubrimiento que es la vida, llega un momento sublime que nos motiva a abrazar de una vez nuestra historia personal y a liderar nuestra propia vida sin los esquemas restrictivos de memorias dolorosas pasadas, sabiendo que no estamos limitados por nuestras heridas de la niñez, sino que somos seres íntegros que podemos contar con un muy poderoso ser: nosotros mismos; capaces de transcender esas experiencias para llevarnos a niveles más altos de conciencia y sabiduría dejando atrás aquellos justificativos que no nos permiten ser la magnificencia de la creación que, de hecho, llevamos dentro. Cuando llega ese momento —es necesario que llegue—, nos permitimos abrazar toda esa historia que cargamos en la espalda, la reconocemos y honramos, porque quizá era ella quien nos llevaría a descubrir las múltiples posibilidades de las que disponemos en nuestro interior. Cuando estamos en esa ocasión histórica de nuestro camino, nos vamos permitiendo no interpretar más nuestro trayecto con dolor, dejar ir ciertos episodios con discernimiento y por fin dejar expresarse poco a poco a nuestro Ser para permitirnos la libertad de convertirnos en nuestro sueño. Entendí que había llegado el tiempo de hacer todo ello y de convertirme desde un nivel más elevado de conciencia, en lo que es conveniente ser para uno mismo, el héroe, el líder del sendero, el líder de la vida. Y así pude también abrazar con todo amor ese camino del reconocimiento de la Energía Suprema en mí.

Impelida por un gozo distinto del alma, con un cántico en el interior y cargado el corazón de gratitud por todo lo experimentado hasta el momento, le di a la vida el debido reconocimiento, aun cuando ésta hubiera usado una que otra regla áspera cuando yo había ejercido con propiedad la necedad humana y no aprendía a ritmo ligero. Le reconocí su bondad, su capacidad de superar mis expectativas, haciéndome sentir su magia. En mis primeros años como madre, aún novata en las experiencias de la vida, una película me abrió la mente a un concepto. La trama finaliza con el baile de una joven muchacha y esta frase:

> *La vida es buena, pero a veces es mejor*
> *y me sorprende al superar mis expectativas.*

Al escucharla quedó resonando en mi interior y recordé un obsequio especial que mi tía Violeta me hizo a mis siete años en una hermosa caja azul brillante. Decidí que, aunque yo debiera atravesar una sórdida situación, la vida superaría siempre mis expectativas, como lo había hecho con aquel simple pero significativo obsequio y grabé la frase en mi interior.

Al reconocerle a la vida la bondad dispensada, caí en la cuenta de que esa frase me había regalado algo invaluable, una insignia que debía atesorar: permanecer abierta a ser sorprendida por tantas cosas buenas que tiene la vida. Esto junto al hecho de concebir siempre expectativas esperanzadoras, aun en medio de circunstancias duras, mezcladas con un sentido práctico habían constituido para mí pilares poderosos y muy definidos. Me había permitido ver la luz justo en medio del túnel. En esos momentos, con un mejor entendimiento que procedía sin equívoco de la entrada en una nueva madurez humana y espiritual, comprendí un concepto: es sensato volvernos motores de bondad, para con nosotros mismos y para con el mundo. Esa apertura individual permitiría un cúmulo de satisfacciones personales y colectivas. Instruyéndome a mí misma, me dije: «Permítete ser un motor de bondad, permite que todos te traten con bondad, respeto y delicadeza, al hacerlo, le haces un favor a otro porque le estás ayudando a que practique su bondad, su generosidad. Por tanto, es una gran fortuna para ese ser. Si atraes maltrato o mezquindad, no es noble, te estás y le estás generando perjuicio. Haz lo mismo con la vida, recibe su bondad, mantén siempre una maravillosa predisposición para recibir lo mejor de los demás. Puede que en una u otra ocasión te lleves una sorpresa porque habrá alguien que sea la excepción que confirma la regla, pero será la excepción. Recibe esos actos de bondad sin queja ni culpa. ¡Es un favor para el otro! Deja que el otro aliente tu respeto y tu bondad, eso es madurez humana y espiritual».

Esto sería un aporte, casi un deber para la propia vida, los seres cercanos y el mundo, me dije. Mi alma se sintió complacida y, como muchas cosas me emocionan, ésta me emocionó más aún, porque el ser motores de bondad podría producir cambios en el curso de muchas historias y quizá de la historia misma...

Hubo un acuerdo al que llegamos con Pierre, que no estuvo implícito en un principio, que valoramos cuando lo entendimos: el de experimentar el amor con comprensión.

Una noche durante uno de sus primeros días en Ecuador, el postre era *crêpes suzette*, preparado por Pierre. En aquella cena mis amigos le darían la bienvenida a mi hermoso país. Mi amigo Miguel nos ofreció un brindis muy especial. Miguel disfrutaba de una bella relación de pareja, era un hombre instruido, dueño de una hermosa hostería antigua heredada de su familia que maneja con habilidad, y regenta además algunos negocios familiares. En los últimos años apoyaba a jóvenes emprendedores a desarrollar proyectos, motivado por el placer de ayudar a otros. Él decía que nosotros, los seres humanos, debemos aprender a compartirnos tanto como a compartir. Filosofía a la que se adhirió Pierre más adelante, apoyando a un grupo de jóvenes en un proyecto en conjunto con Miguel. Como yo no jugaba golf, él se convertiría en el compañero de juego de Pierre, en buena hora porque no me atraía el aprender a practicarlo; para Pierre estaba bien, teníamos muy claro que no éramos siameses, por tanto, no estábamos obligados a hacerlo todo juntos, de tal suerte que disfrutábamos sin presiones y sin resentimientos de que cada uno pudiera disfrutar de momentos de recreación individuales, que, por supuesto, luego nos procuraban el goce de compartir otras actividades y placeres juntos. También éramos conscientes de que resultaba conveniente tener puntos de encuentro que nos permitieran deleitarnos de momentos compartidos, uno de ellos era el gusto compartido por la música, otro por la cocina, y se sumaba un tercero, el usual placer mío por el baile, recién encontrado por Pierre. Alentado por el grupo, Miguel, nos brindó un peculiar brindis deteniendo por unos instantes con graciosa cortesía la algarabía de la reunión. Todos ellos estaban de acuerdo: él debía ser literato, no un ingeniero comercial.

—Deseo que vuestro amor sea sereno, y parafraseo al poeta Bernárdez: cierren sus oídos con candados de acero al ruido del exterior. Y es que para las parejas, existen muchos ruidos que vienen desde afuera. Borren absolutamente de sus diccionarios y de sus vidas las palabras «tolerancia», «aguantar» y «resignación» y reemplazarlas por la palabra «comprender».

A pesar de la sorpresa sentida, todos brindamos tras un pequeño silencio que nos permitió asimilar esas palabras, volviendo enseguida a la misma algarabía.

—Nunca me gustaron esas palabras –dijo Julieta bromeando tras tomar un sorbo de vino.

Con tal brindis sobre los «ruidos» del exterior, recordé rápidamente la sabia «inteligencia de los límites sanos», los «códigos de valores» y los conceptos del consenso social.

Julieta y Sofía sintieron rápidamente simpatía por Pierre. Sofía estaba también encantada por la alegría de nuestra relación.

—Son una buena pareja, además bailan muy bien –decía–, me alegro tanto...

Sofía decidió finalmente mantener su cuenta de Facebook, retirarse de las páginas competencia de San Antonio, no seleccionar pareja por el momento. Sus hijas crecieron y se fueron; vivía feliz consigo misma, sus negocios y viajando cuando podía, y no compró ni un perro ni un gato ni un perico. Julieta tuvo que darse por vencida.

—Tolerar y aguantar causa desgaste porque permitir algo sin aprobarlo y soportarlo con paciencia lleva a la frustración, luego a la ira y al resentimiento, causando heridas que en algún momento le pasan factura a la relación –añadió Miguel.

Después, ante nuestra solicitud de aclaraciones, porque hay mucha literatura sobre la tolerancia y sus bondades, él siguió hablando.

—Cuando la palabra «comprender» entra en la vida, la visión de las cosas cambia –nos dijo a Pierre y a mí cuando él se interesó en el tema y en la hermosa relación de pareja de la que gozaba también Miguel, de la que daba fe el verlo con su esposa; el amor, la delicadeza y la empatía podía sentirse en el ambiente.

»Basta con que comprendan y no esperen la comprensión del otro, lleven la relación sin ese insano sentimiento de «mira qué comprensible soy», «mira lo racional que soy contigo», «mira lo que hago por ti» o «mira cuánto te comprendo». Esa actitud cambia el aspecto más sano del sentimiento por la manipulación. En algún momento le pasarán la factura al otro, cuando él no esté en condiciones de hacer lo mismo. Actúen de este modo y tomen sus decisiones con el único noble, generoso, respetuoso y egoísta deseo de sentirse bien con ustedes mismos y con su vida porque solamente así lograrán el equilibrio de sentirse bien en pareja y podrán darse cuenta de que ese aparente egoísmo en realidad no lo es. La comprensión es el antídoto para el desgaste –concluyó Miguel.

Pierre y yo entendimos que cuando veíamos al otro Pierre o a la otra Eliza, que no acababan de gustarnos, o cuando nos hallábamos en un pequeño desencuentro por diferencias en el estado de ánimo del momento, aunque esas ocasiones eran la excepción, no lo tomábamos como algo personal y la situación no causaba dificultad. Los seres humanos se comportan como pueden y no como algunas veces quisieran. Normalmente, no es por un deseo aberrante de hacer daño, a no ser que haya un trastorno de la personalidad, y eso ya es otro asunto y requiere otro tratamiento; a todas luces, el peor recurso sería tolerar o aguantar con resignación. La violencia evidente o solapada no puede ser tolerada como parte de la vida de nadie; en tales casos, habría que buscar ayuda.

Los días en que una que otra diferencia se hizo notar, llegamos a la conclusión de que no estábamos juntos para mirar todas las «costuras» del otro. Ya habíamos dejado atrás la idea de crecer y de aprender a través de una relación de pareja, lo cual es tan común; la relación no estaba dada para llenar expectativas, para servir de apoyo o para dejar de sentirnos solos. Ya éramos conscientes de que lo que queríamos era solamente compartir, disfrutar y amar; y el amar tiene un solo sinónimo: generosidad. «Estamos juntos para ¡disfrutar! Para ¡reír!», expresamos al unísono. Resultaba muy prometedor que cada uno estuviera dispuesto a ser lo más feliz que pudiera, sin exigencias emocionales con respecto al otro.

• ● •

Una luna redonda alumbraba la noche. De aquel asombroso otoño e invierno en el que conocí a Pierre, habían transcurrido poco más de un año disfrutando de los placeres que también ofrecía Ecuador. Pierre viajaba durante cortos períodos a Francia y compartíamos la vida entre Ecuador y Perú, disfrutando del delicioso clima, bellos paisajes con su eterna primavera de Ecuador, del espectacular arte de Francia y de la maravillosa comida peruana. Aquella vez habíamos llegado juntos dos días antes a París. Sus calles luminosas y hechizantes, abrigadas por la calidez de un verano cuya efímera permanencia se revelaría pronto, con certeza de su hermosura, mostraban un espíritu decidido y embriagante. En el aire, como siempre, se respiraba el embrujo de la energía creadora del Universo, que había influenciado a tanto hijo pródigo del arte con sus diversos rostros y expresiones. No en vano había sido el hogar definitivo o temporal de Ingres y de Monet, y Degas, Balzac y Alejandro Dumas, Gabriel García Márquez y Vargas Llosa, entre tantos otros.

Dos días después de mi cumpleaños, aquella noche de verano, una cena me mostró la exquisitez del amor. La amistad de Pierre con uno de los organizadores del evento, Dimitri Theirs, le proporcionó a él y a Philippe esa invitación, que era una buena oportunidad para entablar relaciones comerciales. A nuestra llegada al lugar, Dimitri se acercó a saludar. Era la hora del cóctel. Un curioso ambiente se abrió, las paredes de un escarlata peculiar y un toque de misterio provocado por la iluminación perfecta dejaban todo el lugar a media luz, invitando a divertirse. En un escenario de feria, un hábil *bartender* hacía malabares con las bebidas. Un carrusel iluminado daba vuelta a dos filas de caballos solitarios. Un maestro de ceremonia vestido con un frac rojo, pantalones negros y un sombrero alto de copa negro hacía de anfitrión. La magistral mezcla de música francesa contemporánea, con una que otra composición de antaño, ultimaba con glamour y eficiencia el pretendido cometido de distraer de las múltiples presiones, inherentes a la ocupación y la profesión de las mentes ejecutivas presentes, presiones que quizá no resultaran tan fáciles de eludir en una época en la que los negocios y los mercados incorporaban impetuosos, complejos y novísimos retos y crisis.

El objetivo parecía estar alcanzándose. Unas tantas copas después, se podía ver a varios hoteleros importantes encaramados a los caballos, incentivados por el presentador. Sus niños internos estaban divertidísimos. Momentos después, Pierre y yo también fuimos candidatos perfectos para subirnos al carrusel. El salón principal para la cena reproducía con fidelidad el estilo inconfundible de la Francia de antaño. Los camareros vestían atuendos de época. Compartimos nuestra redonda mesa con los gerentes de dos hoteles londinenses. La cena era estupenda, eran hoteleros, sabían de servicio, estábamos en París, en la nación de la sofisticación gastronómica, en la cuidad de la escuela Le Cordon Bleu. Sin embargo, lo ocurrido al final de la cena fue el toque preciso que en la exuberancia de aquella noche dejó saborear el dulce gusto de la espléndida sensibilidad de un alma.

El momento del postre llegó, los camareros nos sirvieron una esfera de chocolate de buen tamaño en platos grandes y redondos. Usando impecables guantes blancos, derramaron sobre las esferas el licor hirviendo contenido en cafeteras estilizadas de color plata brillante de un estilo antiguo, tan hermosas que parecían haber salido de la exhibición de algún museo. La parte superior empezó a deshacerse, unos hermosos frutos rojos quedaron al descubierto; sincrónicamente prendieron el licor, flameando así los frutos y su almíbar, y provocando un atractivo espectáculo en cada mesa. Varios de nosotros no sabíamos el nombre de ese postre, pero todos observábamos la sutil llama en nuestros platos, y el sugerente aroma del coñac que se evaporaba perfumando el ambiente. En medio de ese disfrute, un camarero se acercó con un pastel redondo blanco con un arreglo floral delicado de rosas rojas a un lado y un *Je t'aime* con gusto de chocolate, los músicos tocaron por unos instantes notas de «feliz cumpleaños» y todo el salón aplaudió.

—Feliz cumpleaños –dijo Pierre–. Estoy seguro que nunca vas a olvidar este día.

Para mi sorpresa, era su respuesta a algo acontecido el día de mi cumpleaños. Compartimos el pastel con nuestros acompañantes de mesa. El día que llegamos a París, Pierre asistió a varias reuniones de trabajo urgentes. Yo descansé unas horas en su departamento. Entrada la noche, llegó haciendo bromas, con una caja en la mano que abrió en soledad en la cocina sin dejarme entrar. Me senté en el taburete del piano a esperarlo. Salió trayendo en sus manos un pastel de atractiva cubierta. Con su voz grave dijo con alegría: «¡Feliz cumpleaños!». Se acercó a mí, yo me levanté, en ese momento el tacón de mi zapato se enredó en la pata delgada del taburete, trastabillé y golpeé un poco a Pierre y, por ende, al pastel. Para evitar que se cayera, en un acto que parecía más bien de malabarismo y no reflejo, Pierre se vio obligado a sostener con la otra mano el pastel cuya estética se echó a perder. Yo sonreí, él rio abiertamente, yo también reí abiertamente. Luego del incidente, y tras colocar el pastel deforme en medio de la mesa del comedor, nos servimos la cena. En esos momentos, yo le conté una historia de mi niñez.

Con alborozado entusiasmo celebraría por primera vez mi cumpleaños, el octavo, celebración inusual ofrecida por uno de mis primos. La ausencia de festejo de esas fechas, al parecer era un tema familiar, porque no recordaba un cumpleaños anterior celebrado por mis padres. Con briosa y traviesa actitud, estaba en la puerta de casa, con un amplio vestido azul celeste, dando algunos brincos de vez en cuando mientras esperaba. Cuando vi su pequeño coche doblar la esquina, me sentí feliz. Pero, en ese mismo momento, otro coche que cruzaba colisionó con él. Un gran susto se apoderó de mi alegría y la apagó cual fuego que se extingue en un instante al sentir la naturaleza del agua. Rápidamente la calle se llenó de curiosos y mi tío salió apresurado a ver a su hijo, quien resultó ileso del incidente al igual que el otro conductor. Luego de varios minutos, llegaron a casa, aparcaron el coche averiado junto a la puerta y sacaron la caja con el pastel. Su aspecto visual fue una lástima, aun así, se colocó en el centro de la mesa. Era una pena que mi mente infantil interpretara tal fortuito acontecimiento de forma poco ventajosa, creyó que era la culpable, que algo muy malo podía haberle sucedido a mi primo por su culpa. ¡Imagínate qué interpretación!, pero así son los niños. Unos años después, alquimicé esa asociación como algunas otras y disfrutaba de los festejos de cumpleaños, feliz y sin reparos, entendiendo que la felicidad auténtica, honesta y por nobles causas no daña a nadie, siendo la solidaridad indispensable para la elevación de la conciencia, no resulta provechoso que errados conceptos de lo que es la compasión se roben la capacidad de sentir felicidad. Permitirse pensar en el bienestar ajeno es en realidad un obsequio para uno mismo, pero restarse sosiego o alegría no ayuda a nadie. Hay que ser solidario haciendo, no sufriendo.

Le relaté con jovialidad a Pierre lo ocurrido mientras comíamos el pastel. Sentí su incomodidad, al parecer mi jovialidad no lo convenció. Resultaba evidente que los pensamientos que me ofrecían el disfrute de la prudencia y que me hubieran permitido el saludable silencio en ese momento, para contar tales anécdotas en un tiempo más propicio, se habían ido de parranda, probablemente a festejar mi cumpleaños.

Al día siguiente, consiguió que su amigo le permitiera en ese momento tan especial entregarme un pastel de cumpleaños maravilloso y entero. A la noche que siguió a la cena, emití una obvia interrogación, le pregunté a Pierre si había tenido que comentarle a Dimitri la historia para que le permitiera tener tal detalle conmigo. Él no respondió y rio.

—Con razón me miró con cara de lástima cuando entramos –dije–. Luego reí yo también. Pierre con una leve risa me dijo que estaba bien sentir compasión por los otros.

—No estoy segura si fue compasión o lástima –insistí con cierto aire de fingido reproche. Pierre volvió a reír.

—Creo que lo segundo –añadí.

—Dimitri era uno de los amigos que más insistía en presentarme a alguien, así es que se sintió feliz de ayudar –sólo le dije de tu cumpleaños no del incidente de los dos pasteles–. El objetivo que perseguía se logró, y sé que fue así porque observé la expresión de tu rostro –añadió.

—¿Cuál era ese objetivo? –pregunté con toda jovialidad mientras nos dirigíamos a la puerta, porque íbamos al cine.

—Atamos tu recuerdo, editamos tu película, cuando recuerdes tu octavo cumpleaños rememorarás probablemente también el pastel que destrozamos en mi departamento aquí en París, pero el rollo seguirá rodando y tu mente evocará la noche de la cena de la convención. Como sabía por Dimitri cómo se planificaría el evento, no se me ocurrió mejor ocasión.

—Qué creatividad –dije sonriendo con el corazón agradecido.

—Sólo tuve que hacer una llamada a Dimitri y pagar el pastel –añadió Pierre–.

«La mayoría de las veces los detalles importantes no exigen demasiado trabajo», me dije.

—Gracias –dije con un pequeño movimiento de cabeza y un beso.

—Tú me hablaste del libro de la historia personal, de lo que vamos escribiendo y de las películas que podemos editar o cambiar su final, yo aprendo rápido. La verdad es que lo disfruté tanto como tú –dijo.

Varias veces habíamos charlado de la importancia de no rehuir de un acontecimiento doloroso que nos haga fruncir el ceño o aguijonear el corazón, ya sea a través de enfrentarlo, retirar asociaciones o editar el rollo reinterpretando el acontecimiento con mayor sensatez, o con un acto hermoso en el lugar o fecha incómoda, pero no pensé que me había prestado tanta atención.

Aquél era un acto de generosidad del alma, más que un acto de un caballero humano. Detrás de esa aparente simple llamada había un hombre con ingenio, pero también con suficiente personalidad como para que se permitiera la expresión de esos gestos de sensibilidad y de ternura.

Me valoré a mí misma porque disponía de la armonía de ser una mujer independiente, fuerte y moderna, pero a la vez muy femenina para permitirme apreciar y disfrutar del romanticismo, la caballerosidad, la ternura y la sensibilidad, sin reparos y sin vergüenzas, porque ello no me hacía ni anticuada ni débil. Estaba logrando de alguna manera ese sano equilibrio entre los dos aspectos del ser, el femenino que otorga la sensibilidad y la piedad, y el masculino que otorga la fuerza y la seguridad. El mundo necesita que equilibremos cada uno de esos aspectos.

—¿Cómo has podido mantener tan fluido el idioma español? –le pregunté en una ocasión.

—Lo aprendí de niño. La madre de uno de mis compañeros de clase era colombiana, en su casa estaba prohibido hablar francés. Yo jugaba con él y su hermano con frecuencia; éramos vecinos. En todos mis años de estudio consideré ese idioma como segunda lengua, me resultaba más fácil porque lo practicaba con mi padre. He tratado de leer en español y ver películas traducidas no solamente en España sino en Latinoamérica, porque hay diferencias, como bien debes saber –dijo.

—La madre protegía su idioma, como ustedes hacen con el vuestro –dije.

Él asintió.

—A mí me ha ido mejor aquí en París cuando hablo algo en francés, también en español y no en inglés.

Un concierto de experiencias tiernas me acompañaron durante esas pocas semanas en que disfruté con Pierre y su hijo y, posteriormente con Gabriel. Olivier estaba ya estudiando en Madrid y en esos momentos de vacaciones con su madre, era un muchacho encantador con mucho parecido a Pierre, en su aspecto físico y en su personalidad, afortunadamente, no eran frecuentes en él esos antojadizos embates de la llamada adolescencia. Aunque el clima de Londres no fue espléndido sino algo arisco, el tiempo compartido con mi hijo, quien se encontraba aún estudiando allí, sí lo fue. Mi visita coincidió como lo habíamos planificado con la culminación de sus exámenes, de tal suerte que pudiéramos disfrutar sin presiones. Festejamos juntos nuestros cumpleaños con algo de retraso. Recibí de Gabriel un libro cuya dedicatoria logró hacerme llorar de sublimidad. «Ha sido un privilegio para mí ser madre de Gabriel, aun cuando fue el mayor reto de mi adolescencia», pensé cuando lo recibí, pues no es de ninguna manera la edad conveniente para asumir tal responsabilidad, pero algunas veces así son las realidades. La bella dedicatoria decía:

Tu presencia en mi vida es una bendición y quiero que lo sepas.
Madre hermosa, Madre santa,
Madre testimonio único de que el amor incondicional existe.
Madre, amor cuyo origen no sabré comprender, qué lejos estoy de
*   entender su dimensión.*
¡Gracias!
Te deseo un maravilloso nuevo año de vida.
Me resulta imperativo decirte que lo que he escrito no lo he hecho
*   por que sea tu cumpleaños,*
nació de lo más honesto de mi ser, el hecho de que cumplas años es
*   una linda coincidencia.*
Me hubiese gustado haberte escrito estas palabras antes.
Yo te elegí como madre, me ha costado años entender lo
*   maravillosa que eres.*
Y estoy seguro de que continuaré sorprendiéndome porque eres
*   más que ideal.*
¡Eres Tú!
Tienes una capacidad natural para romper mis expectativas.
¡Hoy sé, mamá, que siempre eres mejor de lo que creo!
Tal vez me tome toda la vida llegar a apreciarte como te mereces.
*   Tal vez una vida entera no sea suficiente. Quizás es imposible.*

Gabriel

Cada vez que recuerdo el momento, mis ojos se enlagunan. La belleza también puede hacer llorar. Con el corazón inundado de amor y de alegría, en compañía de la novela obsequiada por Gabriel y de la pericia de Saramago, evidenciada en la brillante jocosidad del libro, regresé en el tren rápido a París.

—De quien no pude enamorarme fue de la madre de Olivier —me dijo Pierre un día antes de marcharme a Ecuador—. Nos conocíamos desde hacía varios años, empezamos a salir, habíamos acabado poco antes la universidad, éramos jóvenes, un imprevisto... Estaba dispuesto a casarme por responsabilidad, ella no lo estuvo porque sabía que no la amaba, había estado enamorada de mí antes de que empezáramos a salir, yo no lo sabía. Aunque fue un gran drama para los dos, yo no quería ser deshonesto con ella ni conmigo, y ella no se merecía que yo fuera un cobarde y le mintiera. Nadie se merece vivir el desamor.

—¿Por qué me lo dices ahora? —pregunté.

—Porque ella va a casarse.

En su comentario había madurez, serenidad, ningún dolor.

—He tenido una relación muy cercana con Olivier, con su madre, una amigable y respetuosa pero distante. Como sabes, nunca llegamos a vivir juntos —dijo.

Sintiendo dolor en el corazón por ella e incapaz de contener la pregunta dije:

—¿Le costó recuperarse?

—Un par de años después de que naciera Olivier, me dijo que ya no sentía amor hacia mí, tampoco formó una pareja, aunque dice que han sido buenos años para ella, estuvo saliendo un tiempo con alguien pero no formalizaron la relación.

—¡Cuánto me alegro que ahora lo haga! —dije—. ¿Y Olivier?

—Está feliz por su mamá, vendrá de España para la boda.

Yo pensé: «Pierre estaba dispuesto a casarse sin amar por responsabilidad hacia otro, pero sin mentir y ella no estaba dispuesta a casarse amando, por responsabilidad consigo misma».

—Ambos merecen todo mi respeto —dije.

—¿Has vivido la experiencia de enamorarte de alguien que no te amara? –preguntó Pierre.

—No –dije.

Me sentí un poco incómoda al expresar esa verdad frente a las duras realidades que había escuchado.

—¿Sentiste culpa? –pregunté.

—En su momento, sí, pero todo eso quedó atrás, ésa era la llanura del guerrero –dijo y sonrió.

Yo sonreí levemente. Escuchando tales relatos, reforcé mentalmente la importancia de poder amar y de no hacer uso de esa costumbre tan popular de los humanos: el subvalorar el privilegio de ser amado por quien se ama.

Al día siguiente volé a Ecuador despidiéndome de Pierre, quien iría en unos días a mi país.

Yo siempre tenía un libro en las manos cuando viajaba, normalmente regresaba con el separador ubicado unas pocas hojas más adelante. Solía gustarme conversar con mis compañeros de viaje, resulta enriquecedor escuchar distintos enfoques de la vida. En ese regreso, ellos se mostraron un poco cansados. En el avión, más de una vez tuve que apretar los labios porque debido a las peripecias del protagonista del libro, más de una risa pretendía salir sonora, en virtud de que tales expresiones de alegría hubieran sobresaltado a tanto pasajero somnoliento. Entre las hermosas y valiosas palabras de Gabriel para mi corazón de madre y el pastel de Pierre, quiero decir, los dos pasteles, lograron que ésa fuera la mejor celebración de cumpleaños hasta ese momento de mi vida, valió la pena arruinar el primero y resultó muy conveniente que los pensamientos que promueven la prudencia se hubieran ido de parranda.

—¿Has sufrido algún tipo de discriminación de género? –me preguntó Pierre un día que comentábamos una película.

—No, ni por ello ni por ninguna otra cosa –contesté–. La primera vez que me hicieron pensar en el tema fue hace unos años. Un grupo de estudiantes universitarios me hizo una entrevista. Hacían una investigación sobre la trayectoria de mujeres empresarias en Latinoamérica.

—¿Qué les contestaste? —preguntó Pierre.

—Que era la primera vez que lo pensaba.

—¿Qué dijeron ante esa respuesta?

—Se sorprendieron y quisieron saber a qué creía yo que se debía, considerando que en el momento en que empecé a trabajar no había muchas mujeres que lo hicieran en puestos directivos, y menos a esa edad, y que todavía hoy el asunto es polémico. Mi experiencia no era muy usual. Qué podía decir, ésa había sido mi realidad.

—¿Qué respondiste? —preguntó nuevamente.

—Luego de un corto análisis, respondí que no podía aseverarlo con certeza, quizás se debía a que mi mente no concebía la diferencia de superioridad o inferioridad, nunca he tratado de ser la mala copia de un hombre, siempre he apreciado mi condición femenina, también valoro y respeto la masculina. Nunca desprecié la fuerza que también es capaz de correr por las venas de una mujer y todas las conexiones neuronales de su cerebro que no son distintas a las de un hombre en relación al CI.

Quizás porque no trataba de reivindicar nada, no pensaba en mí en términos de género, tampoco hacía mención de ello porque no soy ni feminista ni machista, simplemente era yo con todos los derechos que como persona me corresponden, porque me he tomado muy en serio mi lugar en el mundo, más como persona que como mujer. Quizás no me permití autodiscriminarme, tal vez ello provocó que nadie me discriminara, quizás porque en mi niñez mi padre me enseñó que yo tenía voz, voto, opinión, derecho a ser escuchada, pudiendo a la vez escuchar, todo ello sin perder la feminidad o delicadeza. En verdad no lo sé, pero el reto de reivindicar mis derechos no ha sido algo que haya debido enfrentar.

—¡Vaya! ¿Qué les pareció la respuesta? —preguntó Pierre.

—Se quedaron sorprendidos, al igual que yo —contesté—. Nunca había pensado en que mi padre, un hombre conservador, mucho mayor que yo, me habría enseñado eso en un tiempo y en un lugar tan convencional como en el que yo crecí, y que me tratara con tanto respeto cuando era una niña, finalmente resultó ser vanguardista en algunos aspectos.

—Deberían haber muchos más padres así –añadió.

—Sí –dije con el corazón lleno de emoción–. Cuánto dolor o violencia le ahorrarían esos padres al mundo.

—Esa filosofía se siente en tu comportamiento…, dulcemente firme, y me gusta –dijo–, y me besó.

—Me alegra –añadí–, mientras él acariciaba mi mano, y yo le respondía también con caricias en la suya.

»Pensándolo bien, también Ángela hizo lo suyo, porque a pesar de ciertos comportamientos, tenía temple junto a su delicadeza, ellos pertenecían a una generación con ideas bastante más conservadoras, muy limitantes, lo cual no le impidió mostrar su talante, ella decidió estudiar antes de casarse y luego de hacerlo, solía contar que era una de las pocas mujeres entre muchos hombres, decidió trabajar para ayudar a su pareja y se mantenía firme con ciertos temas –añadí–.

Mi mente se consternó con ciertos pensamientos que me llevaron a realidades muy duras de otras mujeres.

—Tú rompes muchos de mis paradigmas –dijo–, mientras yo saboreaba el último bocado de *crème brûlée* que él puso en mi boca y del que disfrutábamos en una pequeña cafetería cerca del Louvre.

—Tú también los míos –dije.

En la reformulación de mi código de valores, el amor había recibido la creencia de plenitud. Conforme mi mente lo había aceptado, eso estaba empezando a descubrir con Pierre, pues para que algo se produjera había que creer que era posible, aunque algunas veces el Universo nos sorprende.

Un distinto deleite bañaba la vida, era jovial y feliz por el solo hecho de existir y, al mismo tiempo, formal y práctica para los asuntos humanos con la intención de hacer con excelencia lo que hacía bien. El corazón vivía en compañía de un alma de mejillas sonrosadas de complacencia por lo alcanzado hasta el momento a través de esa danza de aprendizajes que había serpenteado el camino. El proceso me había llevado más lejos de lo esperado, a un descubrimiento que había enriquecido mi ser. Algunas veces, maravillada con la mirada sorprendida y un sabor a gloria y, otras, por caminos escarpados en medio de brumas densas que nublan la vista y hasta el discernimiento, pero ese viaje de conciencia me conduciría en algún momento a lo que de verdad es el poder personal, una suerte de victoria más profunda del alma. No estaba allí aún, esas mejillas sonrosadas me hacían intuir que todavía me quedaba un largo trecho por recorrer, pero que iba por el buen camino. Mientras, predispuesta con la voluntad enamorada de la vida, me brindaría para vivir el amor de una manera distinta en sus diversas formas y colores, lo que incluía el amor de Pierre.

La base de todo equilibrio y que ocasiona una gran diferencia en el trayecto: la inteligencia de las actitudes, hacía su parte para ayudarme a vivir de una afable manera exhibiendo actitudes positivas, benévolas y eficientes, sin queja, frustración, culpa o fastidio. También me hizo saber con voz clara que bajo cualquier circunstancia la decepción no es una opción, la frustración no es una opción, el conflicto o el fastidio no son una opción y, así, frente a situaciones complejas, la actitud fácilmente es otra.

Pierre y yo permitimos que nuestro amor fuera sereno y risueño. Borré de inmediato de mi diccionario las tres palabras: tolerar, aguantar y resignación como nos recomendó Miguel; él hizo lo mismo, porque para nosotros no eran aceptables y ello no implicaba que fuésemos implacables, lo contrario, éramos un poco más benévolos.

• ● •

Acompañada del sol, mi mente evocaba varios hermosos momentos que la vida nos regaló a Pierre y a mí y, que nosotros honramos aceptándolos, porque ella nos brinda muchas cosas, pero algunas veces había que verificar si estábamos dispuestos a recibirlas, sin queja, sin culpa para evitar saboteárnos, y sin ser quisquillosos frente a los detalles.

Él se encontraba por unos días en el Perú. Esa tarde de domingo, llegó Alicia a visitarme y a despedirse, se marcharía en unos días más a Argentina, donde viviría con su padre y estudiaría una maestría. Graduada recientemente en Comunicación, había estado trabajando por poco tiempo en un periódico de la ciudad. Su piel bronceada, su cabello oscuro y ondulado, sus bellos ojos pardos, y una naturaleza hecha de «caramelo» hacían de ella una joven hermosa. Una de sus virtudes, conservar su naturaleza a pesar de los duros acontecimientos de su vida.

Nos dispusimos a comer el *cheesecake* que trajo Alicia. Mientras preparábamos el té para acompañar el postre, ella mostraba mucha inquietud. La preocupación albergada por su silencio era distraída por mi petición de ayuda para disponer la mesa. Cuando finalmente nos sentamos para saborear el gusto del *cake*, sus incertidumbres en relación al cambio de residencia empezaron a hacerse evidentes.

—Si tuvieras que decirle a alguien tres puntos que son importantes tener presentes en el camino, ¿cuáles serían? –dijo.

—Sabes que no soy amiga de las fórmulas –le contesté–. Cada ser funciona con diversos estímulos, hay varias cosas de mucha importancia, reducirlas a una fórmula de tres es muy difícil, durante estos años hemos hablado de tantos temas, ya los has internalizado bastante, búscalos, tal vez no sean tres. No son fórmulas, es un estilo de vida.

Sentí aquella pregunta como una nostálgica despedida. Sentí su miedo. Estaba feliz de mudarse pero un poco nerviosa de convivir con su padre, con quien no había establecido antes relación. Esa sensación me hacía resistirme a contestar, no quería darle a ese momento tal connotación.

—Estoy a la distancia de una comunicación por teléfono o de una de las aplicaciones de Internet, por si necesitas conversar de los que hayas encontrado –dije.

—Yo lo sé, pero puedes escoger unos pocos –añadió.

Yo sonreí dulcemente ante su insistencia sintiéndome como un padre a cuyos ojos tiernos de sus hijos no puede resistirse.

—Te diré los tres que se me ocurren en este momento, a pesar de que ya los sabes. Permite que la vida te sorprenda, y lo harás cuando te permitas soñar sin que un sueño te quite tu paz, consintiendo por supuesto, que te inspire. Que ni los sueños ni la práctica de la espiritualidad separen tus pies de la tierra, porque es justamente allí donde debes funcionar, sueña y vive tu espiritualidad cada día y no te ausentes del mundo. El segundo, que un «no» no te detenga no importa la edad que tengas. Y el tercero, que tengas suficientemente entrenado al ego de tal manera que puedas rectificar, rehacer, revisar, reconstruir, reconstruirte si eso fuese necesario, ya sea en áreas o tareas cotidianas que no representen mayor complejidad, o en temas de mayor relevancia, sin drama, con diligencia y con humildad –dije.

Ella sonrió.

Ante su cándida sonrisa, pensé en los atributos que tienen las nuevas generaciones: la espontaneidad, la capacidad para romper paradigmas, para sacudirse la rigidez y aceptar lo nuevo o lo diferente sin queja.

—Te doy un cuarto –dije–: no uses tu ímpetu para menospreciar la experiencia, siempre habrá personas mayores que tú, honra su camino, aprende, por ejemplo o por antítesis, no importa, sólo respétalos, haz lo mismo con los jóvenes cuando avances en edad, no añores las cosas del pasado, ni digas que lo de antes fue mejor, o que la juventud de hoy no entiende ciertos valores, porque podrían sorprenderte sus deducciones, mira los nuevos rostros que te ofrece el mundo y siempre espera que sean mejores que los pasados. ¡Ah!, y maneja tanto tus silencios como tu palabra con bondad. Me has pedido tres y yo te he dado más –dije sonriendo–. Ahora ya me has motivado y si me dejas sigo –añadí riendo.

—Sigue –dijo ella–, por favor…

Yo sonreí, medité unos instantes y continué:

—A lo largo de los años, no permití que un sueño me robara la paz, eso no le quitó pasión al anhelo de conseguirlos, permitió que no perdiera mi energía dispersándome del enfoque, e hizo posible algo que yo ansiaba: que la alegría, la paz interna, la creatividad y la pasión fueran compatibles. Permítete soñar sin ansias y, como ya te he dicho, asegurándote constantemente de no envidiarle nada a nadie.

Me levanté, tomé del buró una pequeña tarjeta en la que anoté una frase de mi autoría que en esos momentos era parte de la portada de mi tablet –el mundo en pocos años había cambiado mucho–, la metí en un bonito sobre para darle la connotación de regalo y se la entregué. Alicia lo abrió y leyó: «Permite que un sueño sea la meta del caminar de un viajero y no la batalla del guerrero».

Me miró con esos ojos vivaces.

—Repíteme, por favor, lo que me sueles decir sobre los sueños y el expandir tus intenciones. Yo reí y las dos tomamos un sorbo de té. Ella siempre preguntaba mucho y estaba muy dispuesta a escuchar.

—Los sueños son realidades en proceso generadas por la energía de la intención y de la voluntad, si no hay voluntad para llevarlos a la realidad, sólo son ilusiones no sueños, los que consiguen vivir su sueño… convertirse en su sueño, se lo creen, creen que tienen el derecho de vivirlo, es la única diferencia. Pon tu intención, expándela, amplifícala, séllala con alegría, libre de arrogancias, impaciencias y premuras…, libre de angustia, sin ponerle tiempos límites, no necesitas repetirlos mil veces, tú ya sabes que tienes el derecho. Muchas veces la vida te sorprende y se dan las cosas antes de lo esperado, no cargues el sueño con la frustración del tiempo, otras se requiere un pequeño proceso de aprendizaje humano para que se produzca, pero mientras eso sucede se puede mantener la paz, el entusiasmo y el equilibrio. Déjame decirte esto último para que lo recuerdes: usa tu corazón para soñar, siempre será mejor guía, y no menosprecies a quien esté atrapado en la ilusión de creer que no puede, tal vez cuando salga de su reto ni te imaginas lo que puede ser capaz de alcanzar.

Ella rio.

—Sí, ya sé, no juzgar y no mirar con aires de arrogancia, sino con respeto las experiencias del otro, si me lo has dicho.

Alicia se acercó y me dio un gran abrazo. Yo tuve que pararme. De pronto, dijo:

—Eliza, le has hecho un gran regalo en estos años a mi vida al enseñarme a vivir en un mundo tan lleno de amor, conectado con la bondad y enfocado en el desarrollo espiritual sin ausentarme del mundo, mi vida ha cambiado radicalmente desde que empecé a aplicar tus comentarios. Mira lo que has hecho por mí.

Yo sonreí, porque los humanos creemos que una persona distinta a nosotros tiene la potestad de hacer eso por uno. Le respondí:

—¡Mira lo que has hecho por ti, mi preciosa Alicia!

Mi corazón saltó de alegría, la había visto crecer con esa sonrisa de niña traviesa que se dibujaba aún en su rostro. De repente, me invadió ese contento inexplicable que solía recorrer mi ser con los logros ajenos.

Con la despedida de Alicia me transporté a un momento muy conmovedor para mí, el decir adiós a mi primer trabajo de ejecutiva y la alborozada esperanza de triunfo en el cambio de domicilio a Quito, y de actividad. La elección de mudarme estaba resultando difícil, había tenido éxito con las marcas que representaba. Cuando presenté la renuncia me ofrecieron mejores condiciones para que me quedara, lo que le abrió la puerta a un replanteamiento. Las palabras de mi padre ayudaron.

—Quédate o vete, haz lo que realmente quieras y creas que es mejor para los dos, sé que manejarás tu vida con madurez –me dijo–.

Era un hombre inteligente, por lo que nunca supe si su intención era comprometerme a actuar con madurez o sentía una seguridad real, en todo caso logró mi lealtad a su confianza. No dejó de sorprenderme la ampliación de su ventana en tan sólo cinco años después de su reacción tan dura frente a la situación, también la generosidad de su amor, al dejarme partir sin ninguna manipulación emocional. Ángela y él me ofrecieron mudarme a su casa cuando se llevó a cabo el divorcio, gentil ofrecimiento que no acepté. Yo era adulta y estaba decidida a actuar como tal, por una suerte de independencia financiera, agradecida cada vez que podía, me fue posible hacerlo. Al verme manejar las situaciones a mis veinticuatro años con un aplomo que ni yo imaginaba, me dijo al marcharme:

—No sabía que tenías tanta fortaleza.

«Ni yo», pensé.

En esa inolvidable tarde de despedida con mis compañeros de oficina, me acerqué a Benjamín, que para aquella época ya no era mi jefe directo y le pregunté:

—¿Por qué me dieron el puesto de trabajo, por qué contrataron a alguien tan joven y sin experiencia como yo?

—Eras una mezcla rara.

—¿Rara? ¿Qué quieres decir? –dije sonriendo.

—Te querías comer el mundo, pero de una forma tan jovial que uno quería ayudarte, todos los que te entrevistamos vimos eso.

—Era candidez. La ignorancia ayuda –dije.

Él rio.

—No era ignorancia, candidez tal vez, pero tenías una sobriedad no acorde a tu edad que causaba sorpresa, un contraste. Luego lo entendí, eran ideales, buenas intenciones, tu actitud decía: «¡Ya! ¡Vamos! Nos estamos atrasando a hacer las cosas». Entusiasmabas.

Yo lo escuché en silencio, eso de que tengo buenas intenciones era cierto, ¡hasta estaba pensando en ello en las entrevistas! Pero ni se me ocurrió hablarle de esos nobles pensamientos que me invadieron sobre la evolución de planeta y de la conciencia. Me quedé mirando a Benjamín, sonreí y le di un gran abrazo cargado de gratitud.

—Me alegro de haberte contratado, no me alegro de que te vayas, pero deseo que tengas éxito y suerte –añadió.

Una noche, en vísperas de la mudanza, en la parte alta del armario de una de las habitaciones de la casa de mi niñez, buscaba una maleta que Ángela me había autorizado a disponer. En la apresurada búsqueda, cayó una caja empaquetada en una bolsa blanca, dentro unos zapatos negros de charol. Mi mente retrocedió en el tiempo, recordando episodios de mi infancia. Designada madrina del equipo de básquet de la escuela, en el recorrido de regreso a casa, todos los días durante ese mes antes del evento, una zapatería exhibía en la vidriera unos zapatos de charol negros con un pequeño lazo delante y una correa que los ataba al tobillo, luciendo lustrosos me hacían guiños, yo los miraba con alegría. Ángela no era cuidadosa en aquel sentido, para ella el evento no tenía la importancia que tenía para mí y, aunque los zapatos con los que asistiría no estaban en buen estado, tampoco yo disponía de la confianza para pedírselos. Mi coquetería con ellos quedó en el silencio. Un día antes de ese sábado, mi tía Violeta, llegaba de visita. Era aún novicia y estaba unos días en la ciudad. Con el calor de un abrazo, me entregó una caja de color azul. A su lado, yo la abrí, eran los zapatos que me sonreían.

El asombro recorrió mi ser. Brillaban dentro de la caja, fue como magia. La vida me había enseñado a pedir en mi interior como es sabio hacerlo, con alegría, no con rabia, no con envidia. Años después, el recuerdo de la caja azul brillante le vino muy bien al momento de escuchar la frase de la película a la que me he referido unas líneas atrás, frase que me predispuso a albergar la idea de que la vida pudiera superar mis expectativas. Muchos mágicos momentos han animado el camino. El conseguir ese trabajo fue parte de ello.

Nunca más volvería a ver a Benjamín, se marchó poco después junto con toda su familia en un grave accidente de aviación. Hoy, cuando recorro tiempos vividos, con todos sus bemoles, en el fondo y en la superficie del corazón, se esboza una sonrisa. Cuánto habían cambiado mis percepciones, ahora tantas cosas me inspiraban, me seguía importando la evolución del planeta y de la conciencia, pero era un interés distinto. Cuando pensaba en ello, venía a mí una frase del director de la bella película francesa *Los chicos del coro*: «¿Cómo puede contribuir un individuo a mejorar el mundo?». Me inspira pensar que como planeta estamos haciendo todo el intento de encontrar el verdadero sentido del conocimiento y de la sabiduría que puede conducir a la paz, al respeto y a la valoración de nuestra hermosa condición humana y de la belleza de sus compañeros: la tierra y las otras especies, aunque existen aún importantes rezagos de inconsciencia que amenazan a la sonrisa de la esperanza. También los recuerdos me llevaban a meditar sobre el distinto patrón que mi mente en ese eterno ahora me permitía, a estas alturas no necesitaba pensar en los veintiséis mil años de evolución, no necesitaba minimizar las situaciones a fin de enfrentar el temor o agradarlas para autopreservarme, podía mirar las situaciones siendo más veraz y auténtica conmigo misma, con mayor serenidad.

Mi mente regresó al salón y al entusiasmo de Alicia, antes de que terminara su abrazo, casi en su oído porque sus brazos no hacían intento alguno de soltarme, dije:

—Recuerda poner en tu mente que la felicidad existe, los momentos penosos o difíciles son tan sólo momentos y no al revés, el sentido de esa felicidad sólo te lo da tu percepción. Siempre di: «Bienaventurado sea mi camino presente y futuro y, bendito sea el pasado», si puedes expresar esta frase y tu mente no emite argumentos contrarios, habrás logrado gran libertad, si no es así, tómalo con serenidad y sigue con tu proceso, en algún momento estarás tan en paz con tu pasado que ya no habrá ninguna resistencia o argumentación procedente de tu mente, te habrás liberado.

—¿Qué necesito para estar en paz con mi pasado? —preguntó Alicia.

—¡Nada! ¡Nada! —contesté—. Y luego de que sepas que no necesitas nada, nada que hacer, nada que sanar, nada que perdonar para llegar a ella, una gran dosis de amor que se traduce en sensatez para enmendar lo que creas que necesita ser enmendado, en ti o en relación a tu actitud y comportamiento con otras personas o contigo misma. También permítete una gran dosis de cordura y madurez para saber que las acciones de los otros son cuestiones suyas, cuando una de ellas te afecte, no uses emociones en esos momentos para no herirte y, mírate con ojos de amor y consideración y, discierne qué aprendes de ello. No te quedes enganchada con el rencor o dolor. Llévate del pasado solamente un mejor entendimiento de tu mundo y del mundo sin resentimientos.

Alicia volvió a sentarse y me miraba con toda atención mientras terminaba su postre, como si quisiera absorber de una vez el mensaje que le estaba transmitiendo como si fuera la primera o la última ocasión en que fuera a escucharme, el miedo le hacía ignorar que esa maravillosa predisposición y elección humana para entrar en un camino más consciente y luminoso permitía que la mente o el ego ceda para que su Espíritu sea la guía. Para restar solemnidad y seriedad al momento, añadí:

—Para concluir te voy a transmitir un comentario de mi amiga Julieta. Ella dice: «Si metes la pata en el lodo ¡sácala rápido!, cuanto más sigas pensando cómo fue que la metiste, cómo fue que te equivocaste, más vas a seguir con la pata en el lodo».

El ambiente rio con sus carcajadas.

—Quiero decir, ten la costumbre de arreglar rápido las cosas sin lastimarte con culpas —añadí—. Te diré otro comentario de Julieta —dije mientras Alicia seguía riendo—. Ella dice: «No se trata de ir por la vida tratándose como a aprendiz de aprendiz, dando por sentado que no entendimos nada, y es que es cierto que algunas veces no entendemos nada, pero otras veces lo entendemos todo. Tampoco resulta conveniente echarse en cara siempre los errores sin miramientos, eso de andar con institutriz medieval en la cabeza no resulta nada cómodo».

—Ahhh…, esa institutriz –dijo quejándose.

—No resulta nada cómodo ir por la vida con una institutriz medieval en la cabeza, tampoco creyéndose la última Coca-cola del desierto –añadí–. Ella volvió a reír a carcajadas y sentí que había cedido la tensión. Mi preciosa –dije finalmente–, recuerda a lo largo de la vida que si algo ya no te gusta, puedes empezar a construir un puente para diseñar otro escenario con nuevas experiencias sin causarte cataclismos y sin sentir cansancio, sin olvidarte de agradecer lo presente, porque ese puente está construido de alegría, entusiasmo y gratitud. No es despreciando el presente como se consigue un futuro mejor. No es sintiendo frustración o fastidio, como se avizora un mejor camino, el equilibrio de tu presente genera el futuro deseado. Eso se aplica al trabajo que vas a tener que desempeñar en Argentina, sé que no es precisamente lo que te gustaría, sólo valóralo, trabaja con entusiasmo, al mismo tiempo ten claros tus sueños y construye el puente.

—Sí, lo tengo muy claro.

—Recuerda que el hecho de no causarte trabas por un deseo de luchar en la vida no es ir derecho a la dejadez, ni tampoco…

—Subirme al modo zen y no caminar hacia donde quiero –interrumpió Alicia.

Yo sonreí, me acerqué a ella y la abracé.

—Celebra la vida y cada pequeño triunfo, no exhibas actitudes desganadas o arrogantes como signo de fortaleza interna o de seguridad, como sostiene alguna autora –dije–. Sácale partido a tu vida.

Ella me devolvió el abrazo con una enorme sonrisa y con los ojos casi empañados por las lágrimas.

Como siempre, Alicia resultaba muy suspicaz.

—Una pregunta más: ¿qué es la sabiduría? –preguntó sonriendo.

—Buena pregunta, su definición iba a salir espontáneamente de tu interior –dije.

Y no contesté, porque yo misma había estado buscando su respuesta y así se lo expresé. La pregunta de Alicia logró hacerme meditar en la sabiduría varios días después, en mis reflexiones, ésta prácticamente con una voz poderosa, esbozó el perfil que anoté de ella para el libro que escribía: no soy conocimiento sólo, porque ello podría envanecer y volver a los seres «eruditos sin alma». No soy recolección de información, porque no soy conocimiento prestado, soy la verdad en cada ser. No soy confusión, porque mis caminos son el respeto y honrar la vida. No soy falta de mérito o autolimitación, porque es apropiado valorar las capacidades, pero tampoco soy arrogancia o egocentrismo, porque mi piel está constituida de humildad. Soy el poder al servicio de la nobleza, se necesita mucha humildad y nobleza para ser realmente poderoso. No soy estereotipos, convicciones aferradas, prejuicios o crítica, porque mi esencia no es la banalidad. No soy rigidez porque mi prisma es la amplitud. No soy lucha con el ego porque mis conceptos le hacen alinearse. Soy amalgama de la bondad con la firmeza, ninguna de las dos por separado suele funcionar bien: la una protege fielmente a la otra de los excesos de su propia naturaleza. Si quieres ubicarme en algún lado –aclaró– hazlo en medio de tu frente y si quieres ponerme color, hazlo con uno azul. Si quieres que esté presente en tu vida, pide expandirme en ti y exprésalo con el sonido de tu voz, hazlo repetidas veces porque es productivo escuchar los sonidos de tus intenciones, también porque así te convencerás de que en verdad puedo acudir a ti. Pídeme venir a ti unida a la alegría y a la suavidad, porque el llamarme puede causar quizás un leve rudo pulimento. Mis caminos son la certeza para saber el momento en el cual iniciar algo, de los medios idóneos y dignos para llevarlo a la realidad, para perseverar o no, o para decir adiós a ese algo, sin dolor, con respeto, con valor y comprensión. Mi lenguaje es el amor, con ausencia absoluta de condiciones; y, la gratitud, porque sin gratitud se hace difícil celebrar la vida. Entonces, pedí que venga a mí, unida a la alegría y a la suavidad, por si acaso, la ubiqué en el centro de mi frente, y le puse un color: el azul. Quizás algún día yo tendría la posibilidad de que habitara en mí, mientras, iba a soñar con ella, con su lenguaje.

Comprendí un poco mejor su naturaleza y concluí que un sabio es un erudito que ama, sin importar cuál es el tipo de su erudición ni la procedencia de ésta, porque la erudición al servicio verdaderamente del amor no puede ser sino sabiduría.

Unos meses más tarde, Alicia, feliz con su nueva vida, a vuelta de mail, hizo manifiesta su acostumbrada e intensa curiosidad. «Otra pregunta que se me olvidó hacerte: ¿cómo entreno al ego, cómo hago que se alinee?».

Sentí alegría de saber que sus temores se habían disipado considerablemente. Debido a que tenía varias responsabilidades en mi agenda, respondí a su inquietud con una parte del texto del manuscrito que estaba cercano a su finalización: «Hay muchas cosas que irán entrenando al ego, la reformulación del código de valores, un mayor amor por ti. Trátalo con consideración, como si fuera un amigo, háblale para que se entere, pídele su apoyo como tal, no lo trates como a un enemigo. Háblale de tus intenciones de crecer y evolucionar con amor y alegría y pídele que se alinee con tu intención de mostrar tu rostro más pulido. Comprende que éste tiende en ciertos momentos a subirse y a creer que su posición por diversas causas es superior a los demás o a bajarse haciéndote alguna vez sentirte hormiga, y provocando en ti esas incómodas emociones que se experimentan cuando está encaramado a las alturas o hundido en el piso. Estoy hablando de los extremos, pero en el intermedio hay varios niveles e intensidades en los que éste se posiciona, si siente miedo, te protegerá más y su fluctuación será mayor. Explícale que quieres su ayuda, que no eres ni más ni menos importante que cada ser de este planeta, pero que de hecho no eres insignificante, como todos tus congéneres, eres polvo de estrellas, tienes brillo propio, un lugar especial en este mundo y te está permitido valorarte. Cuando vayas sintiendo la tranquilidad de saber que es seguro y lindo ser tú, sólo tú, maravillosa y simplemente tú, significa que él está entendiendo, sentirás también en tu interior esa comprensión, como una suave brisa refrescante, que te libera de la necesidad de posturas, defensas, huidas y quita alguna falsa humildad permitiéndote notar que no es modestia desdeñarse a uno mismo. Mientras ello va ocurriendo, no lo esperes con bate en la mano para golpearlo cuando en un acto arbitrario se haya concedido con exceso el vicio del orgullo, bájalo con amor y explícale como a un niño, que no es sabio ni digno, jactarse, humillar o menospreciar a otro, pero no lo golpees con el bate de la culpa, no lo sientes en la silla de los acusados, no seas su verdugo, para que cuando esté en el suelo ya lastimado, sientas que necesita ayuda para sanar las heridas, para estar firme y volver a ayudarte. Háblale con constancia sobre tu intención de que se devele quién de verdad es tu Ser y pídele que no te ponga etiquetas limitantes, cuéntale que estás en el proceso de abrazar otros yo soy muy positivos. Míralo desde la virtud de la serenidad y verifica qué creencia propia o heredada provoca esa defensa, ya sea un excesivo ascenso o un inconveniente desplome, cuando detectes la creencia, con la sensatez del amor, abrázate y abrázalo. Un día verás que el ego se alineó con los objetivos del Espíritu y observarás que su fluctuación es apenas como una ola sutilmente ondeante en un mar tranquilo».

Casi al final de esa tarde, a punto de terminar la tertulia con Alicia, sonó el citófono del departamento. Era Max.

—Hola Max, sube.

—Hola Eliza, creo que tienes que bajar.

—Sube –insistí.

—Mejor baja –dijo.

—No me asustes, qué ocurre.

—No, no, sólo baja –dijo.

Bajé deprisa con Alicia acompañándome. Al abrir la puerta del ascensor, enfrente y en medio del vestíbulo había un piano vertical de madera apenas oscura, sobre el piano un ramillete de lirios blancos y Max parado a un lado. Yo me sorprendí. Me saludó y me entregó las flores.

—Llegaron a casa para ti, junto con este sobre, las pidió Pierre por Internet y casi las olvido –dijo sonriendo. Alicia puso la típica sonrisa romántica de una fémina cuando ve una expresión romántica de un hombre a una mujer. Su exclamación de asombro se sintió en el ambiente.

—Me has dado un susto… –dije.

—¿Lo subimos antes de que la gente que lo ha traído se vaya, te parece? –preguntó.

Accedí. Lo subimos y lo colocamos en un lado del salón donde se encontraba la chimenea, se acomodó con elegante actitud para esperar las manos de Pierre, quien llegaría un par de días después.

—Te lo hubiera traído el mismo Pierre, pero mi amigo a quien le compró el piano necesita entregar su departamento mañana –dijo Max.

Le abracé.

—Eres un ángel, un buen amigo –dije.

Esta vez fui yo la que puso la típica sonrisa de fémina embelesada. Luego de ubicar todos complacidos el piano, Max se retiró, debía llegar a una reunión de trabajo. Alicia resplandeciente de esperanza se despidió llevando consigo un trío de obsequios, uno de ellos, un portarretrato con una frase para apoyarla en su camino. Antes de dárselo, le dije:

—Mi preciosa, estamos tantas veces absortos en un sinnúmero de actividades, distraídos por tantas cosas que a simple vista parecen tener la importancia que de hecho no la tienen. Tantas veces tomamos cosas sencillas y las agrandamos y sin querer nos estropeamos solitos el camino. Sé lo más consciente posible para distinguir lo fundamental de lo importante y a qué no es conveniente darle tiempo o importancia, pero no menosprecies los detalles, porque hay detalles que son fundamentales. Sé consciente de que ésta es tu vida. Elige tus victorias –concluí–. Le entregué el portarretrato empacado con lazos de colores, ella lo abrió y leyó la frase:

«¡Ésta es tu vida! Que sea tu victoria».

Cuando se marchó uno que otro pensamiento sereno me acompañaba, regalándome el caer en la cuenta de cómo habían cambiado mis conceptos de luchas o derrotas, de triunfos y victorias.

Cuando Pierre volvió de su viaje, luego del consabido concierto que me brindó para estrenar tan agradable adquisición, y luego de convencer al noble instrumento que dejara que una entusiasta novata aficionada le arrancara una que otra nota, pregunté como era de esperar:

—¿Podré tocar en algún momento «Claro de luna»?

—Sí, no tienes mal oído como pensabas, pero no es una composición para principiantes.

— Pensar que me quejé tantas veces con la vida por mi falta de habilidades musicales. Tuviste la suerte de tener a tu abuela para enseñarte a tocar tan bien el piano —comenté.

—Sí —dijo—, pero como buena maestra de música, también era muy exigente con las prácticas cuando éramos niños mi hermana y yo, y con los niños que tomaban clases con nosotros, luego nos daba dulces, tartas, así no sentíamos tan rígidas sus exigencias.

Las clases de Pierre incluyeron paciencia, ninguna frustración, copas de vino, risas, varios *je t'aime* y varios intervalos en los que sus brazos me cobijaban mientras conversábamos. Creo que el piano hasta me agarró cariño o tal vez lástima. Lo que haya sido provocaba que mostrara una mejor predisposición para conmigo, dejando que salieran coherentemente una que otra pieza musical a cargo de mis largos dedos recién estrenados en esos hábiles quehaceres. Estaba pensando en ponerle nombre, pero antes quería estar segura de que fuese uno de su agrado, para no echar a perder la dispensa de sus favores. Él tenía su carácter, así es que había que tratarlo con diplomacia.

Una plácida sonrisa impregnaba mi interior. Estaba tan feliz, que una que otra vez sentí que mi felicidad hería a alguien, decidí comprender desde el corazón ese sentimiento porque en muchas ocasiones ni siquiera es consciente. Algunas veces la felicidad de otro resiente, o el ego se irrita con el gozo ajeno, debido a que se ignora que justamente en el regocijo por el bienestar de otro puede florecer el propio.

● ● ●

—Con que mi nota te hizo pensar en la reputación de los amantes franceses —dijo Pierre una noche de luna llena en la cocina de mi departamento, con actitud traviesa, hundiendo su rostro sensualmente entre mis cabellos, acariciándolos con su mano mientras me sostenía por la cintura con su brazo derecho.

Yo reí y dije con aire de dictamen:

—Sí, y en ti está totalmente fundamentada. Él rio con esa expresión de seguridad y madurez tan típica suya.

—*Tu me rends fou* –dijo mirándome con sensualidad.

—Tú también me vuelves loca –contesté, mirándolo con la misma expresión.

—*Je t'aime*. No pensé que podía vivir el amor de esta manera –dijo dejando el juego y poniéndose serio–. En instantes recordé: «Decide que quieres vivir la primavera del amor, no te conformes con menos que eso». Para mí esa primavera era respeto, libertad de ser, plenitud. Cuántas cosas habíamos tenido los dos que entender antes de llegar allí.

—Tampoco yo –respondí.

—¿Por qué decidiste que serías tú el que se mudaría y no me propusiste que fuese yo? –le pregunté.

—Eso… te lo diré algún día –contestó– acariciando nuevamente mis cabellos. ¿Cuál hubiera sido tu respuesta? –preguntó.

—Eso… te lo diré algún día.

Pierre rio.

—*Je t'aime* –añadí.

Esa frase me salía perfecta, porque venía directamente del corazón, también porque era fácil, no tenía «r».

Según mi aceptación de la magia de la vida, ésta me había marcado. Decidí soñar otro deseo, uno muy importante, porque terminé de escribir mi primer libro. Yo, al igual que muchos, como he elegido vivir en el mundo de las múltiples posibilidades de la Energía Suprema, que muchos llaman Dios, sé que mis sueños se hacen realidad, como es la posibilidad de todos cuando superamos los argumentos limitantes de la mente y decidimos avanzar.

—Ahora ¿qué quieres soñar? –preguntó mi Ser Interior, cuando ubiqué la última palabra en la página.

Empecé a meditar para poder responder recordando una frase que leí: «Habrá que entrenar al ego para que trabaje en armonía con el corazón y para que deje que éste sea el líder. Sólo entonces habrás entrado plenamente en el espacio de tu corazón y serás capaz de equilibrar las energías y de manifestar lo que desees». Como sabes, a estas alturas de mi vida, yo había ya aprendido cuando me sentía inspirada para soñar o para desear conseguir un objetivo, a mirar cuáles eran las motivaciones que yacían detrás. A verificar primeramente si de verdad ello me hacía «cantar el corazón» y producía felicidad; luego, a cruzar la información con mi corazón para saber si quien me empujaba era el ego, o si la inspiración procedía de un lugar más noble, desde un deseo de un mundo mejor, más libre y en paz, en lo personal y en lo colectivo. Porque los sueños de verdad son anhelos de naturaleza noble y de elevados ideales, no deseos de un ego confuso en busca únicamente de laureles, sin importar si esos triunfos surgen de objetivos alcanzados que laceran o ponen en peligro la subsistencia o el bienestar de la humanidad. No hay honor en triunfos por pérfidos ideales. Son laureles sin gloria.

—Hay que tener ética y conciencia para actuar e incluso para soñar –decía Julieta.

Cuando la respuesta me hacía sentir que esa fuerte y poderosa musa venía de ese lugar generoso del corazón, me expandía en mis sueños con la confianza en que se presentarían indefectiblemente las sincronías para seguirlas.

Me tomé un poco de tiempo antes de dar mi respuesta, entonces volví a los recuerdos y rememoré un hermoso sueño de hace un par de años atrás: era el paisaje más espléndido que yo habría podido mirar. Flores y plantas rodeaban todo el lugar. Monet, Sisley o Pissarro lo hubieran podido captar en todo su esplendor. Yo me sentaba en una de las sillas que descansaban con serenidad en medio del majestuoso paisaje que se desplegaba a mi alrededor. Hacía un poco de calor, quizás el sol primaveral estaba entusiasmado esa mañana porque imponía cierto ardor. Cercanamente, un gran lago me miraba, una agua cristalina dejaba apreciar el destello de su filtreo con el sol, y con la ayuda de un viento leve hacía danzar espléndidas formas que parecían brillantes, gemas o cristales, evidencia del exquisito gusto de la creación, detrás de mí, una pequeña elevación de tierra, exhibía un césped impecable de un color verde intenso. Una niña pequeña se acercó, sin que yo supiera de dónde había salido, me dio un sobre y se marchó corriendo aun cuando le insistí que no lo hiciera. El sobre tenía un nombre impreso y, aunque no era el mío, en el sueño yo sabía que en ese idioma que yo no entendía estaba impreso mi verdadero nombre.

Lo abrí y extraje una pequeña hoja doblada y la leí:

> *«El proceso transformará tu vida de una manera tan realizadora para ti que danzarás, cantarás, girarás y bendecirás el día en que naciste a la existencia, para que puedas celebrarte a ti misma, en el mayor de los descubrimientos personales, que tiene que ver con abrir tu poder personal, de forma que te conectes a ti misma con tu habilidad de crear el potencial más elevado, para ti misma y para la familia de la humanidad. Que tu mundo sea parte de la Luz».*

Doblé el papel nuevamente, corrí hacia la pequeña montaña pretendiendo divisar dónde se hallaba la niña. Cuando estuve en la cima, mi cuerpo simplemente se elevó por encima del paisaje y volé. Logré vislumbrar toda su belleza, mi corazón vibró con una emoción jamás sentida o vivida. Desperté. La sensación indescriptible del final del sueño me acompañó durante varios minutos. Mi corazón latía jadeante, tan deprisa que me dificultaba respirar. Inexplicablemente, mi memoria guardó varias frases del sueño casi con fidelidad, las anoté todas sin pensar. Lo de los potenciales lo entendí, porque todo potencial o posibilidad de realidad está disponible para ser elegido o manifestado: superior y extraordinario, mediocre, inferior o lamentable; elevado y con conciencia o bajo e innoble; y, llevamos ese potencial o posibilidad a la realidad seleccionándolo a través de pensamientos, creencias, elecciones, comportamientos individuales o colectivos. Sin embargo, la frase «que tu mundo sea parte de la Luz» rondó mi cabeza durante varios días. Mi incógnita constante era: al decir «mundo», se refería a que mi mundo personal sea más iluminado, con más conciencia y armonía o ¿también incluía al país y al planeta? Con susurros de inspiración concluí que para mí sería lo mismo, noté que me importaba mi mundo personal tanto como me importaba el de la humanidad. Con la agradable sensación del recuerdo y con tal conclusión en mi corazón, finalmente, respondí a mi Ser Interior.

Sueño que este libro llegue a muchas… muchas almas; que motive sus libres decisiones para volverse viajeros conscientes, y que su recorrido ayude a que el planeta se vaya llenando de ¡amor y de paz! Sueño que miremos la vida con reverencia. Sueño que muchos se interesen por convertirse en aprendices de magos, de la magia de la vida y de la que existe en sus propias vidas; y que así seamos capaces de crear el potencial más elevado para nosotros mismos y para la familia de la humanidad. Elijo que mi mundo sea parte de la Luz… En ese momento, recordé a mi amiga Carola. Ella diría: «¡Claro!, como ya lo pediste, un ejército de ángeles se pondrá a trabajar para que se cumplan tus sueños», a lo que yo contestaría con las manos tocando mi corazón: «Así sea».

Éste ha sido el relato de mi historia, de mi historia con Pierre y de cómo redefiní la palabra «deleite» y la llevé al diario «vivir»…

Índice